Weihnachten
IM ALTEN ÖSTERREICH

Johannes Sachslehner

Weihnachten

IM ALTEN ÖSTERREICH

Eine nostalgische Zeitreise

:STYRIA

ISBN 978-3-222-13277-3

Umschlag- und Buchgestaltung: Bruno Wegscheider
Layout und Produktion: Alfred Hoffmann
Reproduktion: pixelstorm, Wien
Druck und Bindung: Druckerei Theiss, St. Stefan im Lavanttal
Printed in Austria

Inhalt

Der Engel aber sagte zu ihnen: „Fürchtet euch nicht, denn ich verkünde euch eine große Freude, die dem ganzen Volk zuteil werden soll: Heute ist euch in der Stadt Davids der Retter geboren; er ist der Messias, der Herr."
Holzschnitt von Julius Schnorr von Carolsfeld, aus: Die Bibel in Bildern.

Josef Weinheber

Das Licht

Licht von dem fernen Hang,
blinkst überm blauen Schnee.
Wandrer auf spätem Gang
schaut nach der Sternenhöh.

Mein Gott, denkt er, zuhaus,
Stube und Mutterwort.
Wer tat die Kerzen aus,
wer nahm die Lampe fort?

Tröstliches Strahlenrund,
wehrend der Menschennacht!
Zag und vom Wiesengrund
hast du dich hergemacht,

bist jetzt im Garten schon,
blakender Windlichtschein.
Falter mit feinem Ton
streifen dich flügelnd ein,

drunten im Keller hängt
Vater den Leuchter ans Faß,
eh er den Krug vollschenkt –
O wie lang her ist das!

Lang auch, ihr Lichterlein
früh an dem Elterngrab,
branntet mit Zähren klein
zur teuern Erd hinab.

Länger noch, länger, da
knistern die Kerzen am Baum.
Wie es dem Kinde geschah:
Ewig der Weihnachtstraum!

Fort und verweht das Licht.
Abendweg, schwer und weit.
Süßestes Angesicht,
leucht in der Dunkelheit!

Weihnachten im bürgerlichen Haus um die Mitte des 19. Jahrhunderts: Monatsbild zu Joseph Sigismund Ebersbergs „Wiener Zuschauer", einer „Zeitschrift für Gebildete", 1848.

Ein schönes Vergangenes

Weihnachten, das Fest der „heiligen Nacht“, ist geboren aus der Sehnsucht nach dem Licht. In Dunkelheit und Kälte des Winters wuchs die Hoffnung auf die Rückkehr der wärmenden Sonne, auf neues Leben und neue Fruchtbarkeit. Seine Ursprünge reichen zurück in graue Vorzeit; unübersehbar ist der faszinierende Reichtum des Kults, den diese Sehnsucht im Laufe der Jahrtausende geschaffen hat. In den Riten um Weihnachten konzentrierten sich die elementarsten Bedürfnisse des Menschseins schlechthin: die Überwindung der tiefen Angst vor den drohenden Dämonen, der Wunsch nach Gesundheit und Fruchtbarkeit, nach Überleben in einer glücklichen Zukunft. Die frohe Botschaft des Christentums von der Geburt des Erlösers gab dieser „heidnischen“ Gläubigkeit eine neue, explosive Deutung und veränderte das alte Fest des Mittwinters für immer.

Selbst in unserer Zeit, in der die eigentlichen Inhalte von Weihnachten verschüttet sind und vieles zu Gewohnheit und oberflächlichem Ritual verkommen ist, in der Hektik und Stress kaum mehr Besinnung zulassen, hat das Fest seine eigentümliche Zauberkraft bewahrt. Wenige Signale genügen: der Duft von frischen Tannennadeln, der Schein einer brennenden Kerze – und etwas rührt an unsere Seele, ein Gefühl der Geborgenheit und des Zuhauseseins erfasst uns, aber auch der Wunsch nach dem verlorenen Glück, von dem uns diese vertrauten Zeichen eine erste Ahnung geben. Weihnachten ist heute weniger Ritual denn Gefühl und Emotion. Und auf der Suche nach diesem Gefühl haben wir die Erinnerung entdeckt: an die glücklichen Momente im Kreis der Familie, an die Freude über Geschenke und das Staunen über den Lichterglanz des Christbaums.

Eben diese nostalgisch-wehmütige Kraft entwickelt auch der Blick zurück auf „Weihnachten im alten Österreich“. Wie Blitzlichter erscheinen Bilder und Empfindungen: Adventkränze und Christkindlmärkte, Nikolaus und Krampus, fromme Krippenspiele und „schiache“ Perchten. Man denkt an die Weihnachtsgeschichten von Peter Rosegger und hört die Melodie von „Stille Nacht, heilige Nacht“. Setzt man sich nun tatsächlich auf die Spur des Weihnachtsfests in Österreich, so muss man bald erkennen, dass es „das“ Weihnachtsfest als Norm niemals gegeben hat. Der Mythos von Weihnachten und die historische Faktizität klaffen nicht unbeträchtlich auseinander, der Heilige Abend auf einem Tiroler Bauernhof um 1900 unterscheidet sich deutlich vom Festablauf in einem großbürgerlichen Wiener Salon. Festgehalten werden muss daher, dass die konkrete Ausformung des Festrituals immer eine Funktion des historischen Zeitpunkts und des gesellschaftlichen Standorts ist. Es ist daher in einem Buch wie diesem unmöglich, die „ganze Wahrheit" zu erzählen, geleistet werden können kleine Schwerpunktdarstellungen, Ergänzungen, Farbkorrekturen, Nuancierungen.

Überblickt man nun die vorhandene Literatur zur Geschichte des Weihnachtsfests in Österreich, so stellt man bald fest, dass die Quellenbasis dafür nicht einfach ist – einem komplizierten Puzzle gleich sind Hinweise aus volkskundlichen und historischen Arbeiten, aus Sagensammlungen, Memoiren, Heimatkunden und Reiseberichten, aus Zeitungen und Zeitschriften zusammenzusetzen und gegeneinander abzuwägen. Dies bewirkte andererseits, dass die Betrachtung zu sehr an der äußeren Form von Weihnachten hängen blieb, sein diffiziles Zusammenspiel mit dem Aufstieg des Bürgertums, mit zunehmender Verstädterung und der Durchsetzung moderner Geldwirtschaft kaum beachtet wurde.

Adalbert Stifter schrieb zu diesem Problemkreis scharfsinnig in seinem Roman *Nachsommer*: „In der Stadt kommen die Veränderungen, welche die Künste und Gewerbe bewirkt haben, zur Erscheinung: auf dem Lande die, welche naheliegendes Bedürfnis oder Einwirken der Naturgegenstände aufeinander hervorgebracht haben. Beide vertragen sich nicht, und hat man das erste hinter sich, so erscheint das zweite fast wie ein Bleibendes, und dann ruht vor dem Sinne ein schönes Bestehendes und zeigt sich dem Nachdenken ein schönes Vergangenes, das sich in menschlichen Wandlungen und Wandlungen von Naturdingen in eine Unendlichkeit zurückzieht." In wunderbarer poetischer Weise formulierte hier Stifter einen Gedanken, der die Erkenntnisse der modernen Sozialwissenschaften vorwegnimmt: Die städtische Gesellschaft ist Trägerin des sozialen Wandels, sichtbar wird dieser Wandel nicht zuletzt durch die Änderungen im Erscheinungsbild von Festen und Feiern – denn genau diese würden, wie Richard Sennett in *Fleisch und Stein*, seiner großen Studie über die körperlichen Erfahrungen der Menschen im urbanen Raum, schrieb, die „soziale Wahrheit" illustrieren.

1922 definierte der berühmte deutsche Soziologe Max Weber den Brauch durch die Regelmäßigkeit sozialen Handelns: „Es lassen sich innerhalb des sozialen Handelns tatsächliche Regelmäßigkeiten beobachten, d. h. in einem typisch gleichartig gemeinten Sinn beim gleichen Handelnden sich wiederholende oder … bei zahlreichen Handelnden verbreitete Abläufe von Handeln" – ausgehend von dieser Definition, muss das

„Brauchtum" in soziale Interaktion eingebettet gesehen werden, d. h., ein Fest wie Weihnachten stellt sich als Summe normierter Verhaltensweisen und Zeichen dar, die in einem gleichsam strukturalen System zueinander geordnet sind, gleichzeitig aber auch zurückgebunden an die sozialökonomische Situation der brauchausübenden Menschen (Ingeborg Weber-Kellermann).

Um diesen Zusammenhang besser zu verstehen, ist es notwendig, die gesellschaftliche Funktion festlicher Rituale noch etwas präziser ins Auge zu fassen. Feste wie Ostern oder Weihnachten fokussieren auf Bräuche/Sitten/Handlungen – Rituale, denen Mythen bzw. religiöse Inhalte und Glaubenssätze zugrunde liegen. Die rituelle Praxis schafft daher zunächst immer einen Raum, in dem dieses mythisch-religiöse Sediment – soweit dies möglich ist – wieder lebendig wird. In solch einem „magischen" Raum ausgeführte Handlungen verbinden daher die Menschen *(Gläubigen)* in besonderer Weise, sie geben ihnen Selbstvertrauen und Würde zurück, verleihen jene Kraft, die notwendig ist, um gegen alltägliche Benachteiligungen, Missachtung und Unterdrückung gewappnet zu sein. In der abstrakten Formulierung von Richard Sennett heißt das: „Das Ritual konstituiert die *soziale* Form, in der Menschen als aktiv handelnde, und nicht als passive Opfer, mit dem, was ihnen persönlich versagt wurde, umzugehen suchen."

Weihnachten war und ist nun zweifellos das bei weitem wichtigste Fest im Jahreskreis, und deshalb kommt ihm besondere Bedeutung für die soziale Befindlichkeit einer Gesellschaft zu. Genau aus diesem Grund wurden Veränderungen im Weihnachtsbrauchtum von wachsamen Kritikern mit Argusaugen beobachtet und oft mit Missfallen registriert – instinktiv spürte man, dass sich dahinter mehr verbarg, als das geänderte Ritual auf den ersten Blick an seiner Oberfläche dokumentierte. Das gilt auch für viele Gegenden Österreichs – nur zögernd gab man Althergebrachtes auf, obwohl man sich von den Glaubensinhalten innerlich bereits weitgehend distanziert hatte.

Am Beispiel „Weihnachten" exemplifiziert: Das Brauchtum aus diesem Bereich erzählt von der Gesellschaft, die dahinter steht, die Veränderungen in der „Brauchsprache" über die Jahrhunderte zu verfolgen, kann daher einiges über diese Gesellschaft an sich und über das Land selbst erzählen: über Wunschfantasien und Hoffnungen, über Träume und Visionen. Entdecken wir diese auf der folgenden Zeitreise zurück in die Weihnachtswelt unserer Urgroßväter, erfreuen wir uns an dem Zauber, den dieses Fest immer ausstrahlte und der den grauen Alltag der Menschen mit wärmendem Glanz durchschnitt.

Der „Nikolo" und seine Begleiter in einer Kärntner Bauernstube. Holzstich aus dem Band „Kärnten und Krain" der „Österreichisch-ungarischen Monarchie in Wort und Bild", 1891.

Als das Christkind noch der Nikolaus war …

Weihnachten, im heutigen Verständnis das Geburtsfest Jesu Christi, ist eines der ältesten Feste des christlich-abendländischen Kulturkreises und wird von der römisch-katholischen Kirche seit der Mitte des 4. Jahrhunderts am 25. Dezember begangen. Ursprünglich kannte man für diese Jahreszeit nur das aus Ägypten in die Kirche Roms gelangte Fest der Epiphanie, der Erscheinung des Herrn, das am 6. Jänner gefeiert wurde. Mit der taktisch gut überlegten Installierung eines spezifischen Geburtsfestes zum symbolträchtigen Dezembertermin gelang es der Kirche, allmählich alte „heidnische“ Positionen zu „erobern“ – feierten doch die germanischen Völker in der Zeit vom 25. Dezember bis 6. Jänner das Fest der Wintersonnenwende, das Ende des 19. Jahrhunderts als „Julfest“ in deutschvölkischen Kreisen zu neuen Ehren gelangen sollte, und war der 25. Dezember im spätantiken Rom doch auch der Stiftungstag des *Deus Sol invictus*, des unbesiegten Sonnengotts – eines Kults, den Kaiser Aurelianus (214–275) eingeführt hatte. Und es war die Zeit der Saturnalien, jenes ausgelassenen und fröhlichen Fests, das den Unterschied zwischen Herren und Sklaven aufhob und damit an paradiesische Zustände eines längst vergangenen „Goldenen Zeitalters“ erinnerte. Am 25. Dezember feierte man auch die Geburt des einst an der Donau populären vorderasiatischen Lichtgottes Mithras und schon die alten Ägypter hatten auf diesen Tag die Geburt des Gottes Horus gelegt.

Das neue christliche Weihnachtsfest traf – so klar und überzeugend es auch seine Botschaft formulierte – auf eine uralte „Brauchtumswelt“, die so einfach nicht zu beseitigen war, ja, manche „heidnische“ Rituale, manche „abergläubische Praktiken“ – man denke an das Stubenauskehren und die Opfergaben für die Frau Percht, an die zahllosen Orakelspiele oder an das Belauschen der Tiere in der Christnacht – lebten in der Bevölkerung fort und konnten auch durch angestrengte Bemühungen nicht beseitigt werden. Weihnachtsevangelium und vorchristliche Kultelemente gingen eine Symbiose ein, die dem Fest seinen

unverwechselbaren „mystischen“ Reiz verlieh – bis heute ist in der immer wieder beschworenen „Weihnachtsstimmung“ ein Rest dieses besonderen Flairs spürbar.
Die Besinnung auf vorchristliche Traditionen führte unter anderem auch dazu, dass deutschtümelnde Weihnachtshistoriker in ihrer Begeisterung für das Julfest – man malte sich Szenen von Wagnerschen Dimensionen mit Trinkgelagen und pathetischen „Julfestschwüren “ aus – den Begriff „Weihnachten“ von den alten Germanen herleiten zu können glaubten: *wihinechti* hieß das Kunstprodukt ihrer etymologischen Versuche. Tatsächlich entstand das Wort „Weihnachten“ erst um 1300 aus mhd. *diu wihe naht* (ahd. *wih* = „heilig“) bzw. aus der Dativform *ze wihen naht*, was nichts anderes als „heilige Nacht“ bedeutete. Durch Zusammenziehung dieser Worte bildete sich zunächst das Pluralwort *wihenachten*, im 14. Jahrhundert kam schließlich auch der singularische Gebrauch „Weihnacht“ in Mode.
Zum Weihnachtsfest im Mittelalter schweigen zwar die Quellen, doch ist anzunehmen, dass bereits damals die Christmette im Mittelpunkt der religiösen Feiern stand und auch Krippendarstellungen eine große Rolle spielten; eine hübsche Anekdote aus der Babenbergerzeit erzählt Jans Enenkel in seinem *Fürstenbuch von Österreich und Steyerland*, und zwar berichtet er über den Einzug Herzog Leopolds VI., des Glorreichen, ins weihnachtliche Wien, der von den Bürgern mit allerlei Geschenken empfangen wird:

… die fleischhaker chamen zu hant
und fürten an seil und an pant
dreizzich rinder oder mer
darzu warn sie nicht zu ler
sie sprachen herre guet
rain und wolgemuet
dicz weisad sult ir enpfahen
iz sol ew nicht versmahen
do prachten im die pecchken
chiphenn (Kipferl) und weizze flechen
weisser dann ein hermelein …

Vom Schenken

Noch gab es keine „Bescherung“ großen Stils und schon gar kein „Christkind“, doch war das Überreichen kleiner „Christ-Geschenke“ zu Weihnachten im Mittelalter vermutlich nicht unbekannt – stand man damit doch in einer Tradition, die bis zu den „Saturnal-Geschenken“ *(apophoreta)* der alten Römer zurückreichte. Das Schenken und Beschenktwerden – eine Grundfigur menschlichen Sozialverhaltens – im Dezember war seit der Antike üblich, was sich mit Beginn der frühen Neuzeit änderte, war die Ausgestaltung der weihnachtlichen Schenkrituale. Vor allem in den protestantischen Gesellschaften des 16. und 17. Jahrhunderts, die mit dem alten „Aberglauben“ der Katholiken nichts mehr zu tun haben wollten, zeigte sich immer deutlicher die Tendenz hin zu einem Familienfest neuen Stils, in dessen Mittelpunkt die Kinder des Hauses rückten: Sie wurden beschenkt wie eh und je – allerdings: Sie schenkten selbst nichts mehr, denn die Geschenke kamen nun nicht mehr von den Eltern, sondern von einer „mythisch-unerreichbaren“ Figur (Ingeborg Weber-Kellermann), die Christkindlein oder Knecht Ruprecht hieß und alles wusste und alles vermochte – gleichsam göttliche Eigenschaften, die den Kindern auch zur Last werden konnten, wurden sie doch von diesem großen Unbekannten „moralisch“ in die Pflicht genommen: Beschenkt wurde von ihm, wer das Jahr über artig und brav gewesen war, Gehorsam gegen die Eltern, Fleiß und Ehrfurcht gezeigt hatte; der Akt der Bescherung – ein zunehmend aufwendig inszeniertes Spektakel – setzte also sittliche Disziplinierung voraus, bedeutete Einübung in das „Struktursystem von Macht und Ohnmacht“, in das Akzeptieren anonymer Mächte, denen man ausgeliefert war. Weihnachten gestaltete sich zur rituellen, alljährlich wiederkehrenden Gratifikationsrunde für die Unterwerfung unter die Spielregeln der frühbürgerlichen, zunehmend auf Erfolg konditionierten Gesellschaft. Geschenke waren keineswegs selbstlos aus Liebe gegebene Gaben – sie luden sich vielmehr auf mit neuer Signalwirkung: Du hast brav „funktioniert“ und dir dafür auch die Geschenke verdient – trachte aber auch danach, in Zukunft Entsprechendes zu leisten!

Obwohl sowohl die katholische als auch die evangelische Kirche diesem sehr freien „Umgang“ mit Elementen der Glaubenslehre ablehnend gegenüberstanden, es als „Narrheit“ und „schimpffliches Zeug“ verurteilten, war die Dynamik des Schenkens nicht mehr zu stoppen. Der Nutzen für eine zunehmend „bürgerlich“ werdende Gesellschaft war offensichtlich – Hand in Hand damit ging die Entfaltung einer immer komplexer werdenden weihnachtlichen Geschenkkultur, in der sich der soziale und wirtschaftliche Erfolg des Bürgertums spiegelte und die mit der Einführung des Christbaums als zentralen Symbols der Bescherung einen

Höhepunkt erreichte. Das kirchliche Hochfest zum Gedenken an die Geburt Jesu, des Erlösers, hatte sich damit endgültig zur Feier bürgerlicher Glücksvorstellungen verwandelt: Familiäre Harmonie und privater – auch geschäftlicher – Erfolg wurden zu den wichtigsten Kriterien für die alljährliche Festfreude.

Die Nikolaus-Komödie

Was nun die österreichischen Länder betrifft, so war es hier, in den Kerngebieten der Gegenreformation, unmöglich, diese Entwicklung des Weihnachtsfests mitzutragen, so blieb es etwa in Wien bei den traditionellen religiösen Ritualen und beim geselligen Vergnügen – beliebt waren vor allem diverse Kartenspiele –, dem man sich in fröhlicher Runde hingab. Die Wiener Wein- und Bierschenken freuten sich am Heiligen Abend über Rekordbesuch, in denen sich, wie der Spötter Joseph Richter in seiner *Bildergalerie katholischer Mißbräuche* (Leipzig 1784) schrieb, „andächtige Christen“ auf die Mette vorbereiteten. Für die lebenslustigen Wiener blieb Weihnachten ein Fest des Frohsinns, der saturnalischen Ausgelassenheit alter Zeit näherstehend als dem betulich-frommen Eifer des protestantischen Nordens. Die weihnachtliche Devise der Wiener blieb: Hauptsache, man hatte seinen Spaß!

Nun hatten die erzkatholischen Habsburger ihren Untertanen zwar mit blutiger Konsequenz den Protestantismus ausgetrieben, aber nicht verhindern können, dass sich auch hier neue Verhaltensmuster im Begehen der Dezemberfeste etablierten und „Randgebiete“ in vielfach „heidnischen“ Brauchtumsritualen verharrten. Die gesellschaftlichen Veränderungen – der Aufstieg frühbürgerlicher Schichten zu Ansehen und Wohlstand – erzeugten insbesondere Druck auf das Schenkverhalten und entsprechende Inszenierungen: So war auch die Bürgerschaft in den österreichischen Ländern bald nicht mehr bereit, auf jenes probate Mittel zur sittlichen Konditionierung ihrer Kinder zu verzichten, das in lutherischen Landen so erfolgreich praktiziert wurde: Geschenke gegen die angebliche oder tatsächliche Tugendhaftigkeit des Nachwuchses auszutauschen.

Da Weihnachten aus gegenreformatorischen Rücksichten entwicklungsmäßig blockiert war, entwickelte sich das neue Geschenkritual im Umfeld eines anderen Dezemberfests, das in Wien – und im süddeutschen Raum – ebenfalls auf eine lange Tradition zurückblicken konnte: der Nikolausfeier. Der heilige Nikolaus, auch Nikolo oder St. Nikla genannt, der schon immer kleine Geschenke wie Äpfel und Nüsse gebracht hatte, übernahm jetzt immer mehr die „Star-Rolle“ des großen Schenkenden und strengen

Das neue Christbaumfest und die Gabenbringer von einst: Nikolaus und Krampus kommen auch am Heiligen Abend. Aquarell von Franz Xaver von Paumgartten im „Erinnerungsbuch" für die Wiener Kaufmannsfamilie Baumann, 1820.

Prüfers. So verlangte er in den Alpengegenden bei seinem Besuch von den Kindern die sogenannten „Bet- oder Klausenhölzer“ zu sehen, mit denen gleichsam ihre Frömmigkeit protokolliert wurde: In den letzten Wochen vor dem Besuch des Heiligen setzten sich die Kinder jeden Abend um den Tisch in der Stube und beteten einige Vaterunser und Ave Maria; die Mutter schnitt für jedes Gebet eine Kerbe in ein Holzscheit, das dann mit Schüsseln oder Schuhen ins Fenster gelegt oder dem heiligen Nikolaus persönlich überreicht wurde. Oft hatten die Kinder für den Gabenbringer mit dem weißen Bart auch einige fürwitzige Verse parat, etwa:

Herein, herein, Herr Nikolaus!
Hier sind recht brave Kinder z'Haus.
Hast was, so setz dich nieder,
Hast nix, so geh glei wieder.

Und in Türnitz in Niederösterreich stichelten sie:

Vater unser, der du bist,
der Nikolo, der fällt in Mist,
der Krampus, der fällt drauf,
der Nikolo kann nimmer auf.

Begleitet wurde der heilige Bischof von einem Gefolge, das aus dunklen und hässlichen sowie hellen und schönen Gestalten bestand. So kannte man im östlichen Oberösterreich die weißgekleidete und einen Henkelkorb mit Gaben tragende „Nikolausfrau“, der so „schiache“ Begleiter wie das ganz in Tannenreisig gehüllte „Grassatmandl“, der Krampus oder die „Habergeiß“, ein dämonisches Wesen in Gestalt eines Bocks oder einer Ziege, gegenüberstanden. Lambert Guppenberger gibt eine farbige Schilderung dieses Nikolaus-Spektakels im Band *Oberösterreich* des von Kronprinz Rudolf herausgegebenen Werks über die österreichisch-ungarische Monarchie:

„Jährlich kommt zu den Kindern der Heilige Nikolaus, bald zur Freude, bald zum Schrecken, bald lohnend, bald strafend. Am feierlichsten hält er seinen Umzug in der Gegend von Windischgarsten. Am Vorabend des Nikolaustages (6. Dezember), wenn es bereits ganz finster geworden ist, kommt es an das Haus heran. Man hört vor der Thüre Kettenklirren und Schellenklingen. Drei laute Schläge an die Thüre, und hereinkommt ein Zug seltsamer Gestalten. Voran schreitet, die Inful auf dem Haupte, angethan mit Chorhemd und Vespermantel, den Bischofsstab in der Hand, der Niklaherr, der Allwissende, dem sein kleiner Finger alles offenbart. Ihn begleitet mit allerlei Flitter behangen, die Niklafrau, freundlich und hold, die Mädchen zu fleißiger Handarbeit mahnend. Hinter dem Niklaherrn und der Niklafrau kommt deren Gefolge mit Gaben für die guten, aber auch mit Birkenreisern für die bösen Kinder beladen. Die letzteren bedroht der Krampus, eine Schreckgestalt mit Hörnern auf dem Kopfe und mit heraushängender roter Zunge, in dichten Pelz vermummt und mit rasselnder Kette. In deren Gerassel mischt sich das Meckern der Habergeiß, einer weißumhüllten Gestalt, die bald, grausig genug, ihren langen Hals emporreckt, bald in sich selbst zu versinken scheint. Nicht minder Schrecken erregt bei den Kindern der Klaubauf, eine Riesengestalt mit ungeheurem Bart und einem Rückenkorb, aus dem es wie Kindeswimmern laut wird; auch Hände und Füße, wie von Kindern, strecken sich aus dem Korb hervor oder es baumelt wohl gar daran ein Kopf nieder. Jetzt hört man von draußen ein erschreckliches Grunzen; der Leutfresser naht, eine Figur mit einem Schweins- oder anderem Thierkopf statt des Menschenhauptes auf den Schultern, Krallen statt der Finger und statt der Füße Pferdehufe, die mit Macht den Boden stampfen. Er frisst die bösen Kinder, nachdem sie in Niklaland gemästet worden sind. Hierzu kommen noch Jäger mit Hirschgeweihen auf dem Kopfe, winzige Zwerge mit ellenlangen Bärten und Riesen, die mit den Köpfen bis zur Stubendecke reichen, aber bald kleiner, bald größer werden, Einsiedler und anderer abenteuerlicher Tross.

Der Niklaherr hält nun mit den Kindern, die sich ängstlich in den Winkel hinter dem Tische geflüchtet haben oder die Mutter beim Kleide festhalten, strenge Prüfung und spendet Lob und Tadel nach Verdienst. Sodann befragt er seinen kleinen Finger, der ihm alle Fehler und Vergehen sowie alle Vorzüge und Tugenden der anwesenden Kinder offenbart. Schon will der Krampus nach einem Buben greifen, der es sonst am kecksten zu treiben pflegt, jetzt aber ganz verdutzt im Tischwinkel hockt; aber die gütige Niklafrau tritt schützend dazwischen. Doch bekömmt der kleine Thunichtgut eine Hand voll tauber Nüsse und eine Birkenruthe zum Geschenk, welche letztere ihn, wenn er je wieder ‚schlimm' sein sollte, von selbst durchbläuen wird. Die guten Kinder dagegen werden reichlich beschenkt. Dabei bekommen sie Brode (sic!), welche den Nikla, den Krampus, Hirsche und dergleichen vorstellen."

Auch in der Residenzstadt Wien bildete sich jenes komödiantische Szenario heraus, das später die josephinischen Aufklärer zu heftiger Kritik herausfordern sollte: Begleitet vom Krampus, der fantasievoll ausstaffierten Verkörperung des strafenden Bösen, erscheint der heilige Nikolaus mit Bischofsmütze und Stab und

beginnt sein strenges Examen der Kinder, bei zufrieden stellendem Ergebnis gibt es die Geschenke, bei weniger überzeugendem Resultat kann es neben diesen auch noch Rutenhiebe vom Krampus geben. Das Brauchtum um diese Kreatur der Hölle war in Österreich bereits im Spätmittelalter weit verbreitet, wurde jedoch von der Inquisition, die dessen „heidnische" Wurzeln in den Silvani und Faunen der alten Welt nicht übersehen konnte, verboten: Wer sich als Krampus verkleidete, riskierte die Todesstrafe. Seine neuerliche Konjunktur verdankt der Krampus der ersten großen „diabolischen Explosion" (Jacques Le Goff) im Europa der frühen Neuzeit – jenen immer detailreicher ausgesponnenen Fantasien des Bösen, die letztlich auch die Hysterie um die „Hexen" schürten. Der Name leitet sich wohl von althochdeutsch *krampen* (= „Kralle") ab. In der Zeit der Gegenreformation entstehen auch die sogenannten „Stubenspiele", die bis heute in einigen Orten – etwa in Tauplitz, Bad Mitterndorf und Pichl-Kainisch im Salzkammergut – überlebt haben.
Der englische Arzt und Reisende Edward Brown, der die habsburgischen Lande zwischen 1670 und 1680 bereiste, gibt in seinem drei Jahre nach der Zweiten Türkenbelagerung veröffentlichten Werk *Durch Niederland, Teutschland usw. gethane Reisen* (Nürnberg 1686) einen Hinweis auf das Nikolausfest in der Barockzeit und insbesondere über die diesbezüglichen Schenk-Usancen der Wiener: „Sie haben eine Gewohnheit, daß sie auf den S. Nicolaus-Tag den Kindern einige kleine Geschenke in die Schuh stecken. Unter andern aber thun sie gewisse Thaler von Pappier und Blumen, die verguldet und versilbert seyn, darunter, welche doch kaum eines Pfennigs werth" – bescheidene Anfänge, die sich ein Jahrhundert später zur großen Geschenk-Palette erweitert hatten: Jetzt gab es Puppen und Nähzeug, Lehrbücher und Schmuck und natürlich das traditionelle – frische und/oder gedörrte – Obst und mitunter auch ein buntgeschmücktes grünes „Nikolobäumchen", einen Vorläufer des späteren Christbaums. Damit hatte der Nikolaus das weihnachtliche Geschenkpotential fest an sich gebunden – zu Weihnachten selbst gab es im Wien des 18. Jahrhunderts keine Geschenke mehr.
Während nun im protestantischen Norden das „Kindleins-Spiel" oder auch „Christkindleins-Spiel" als „Comödiantische Fürstellung der Geschichte der Erscheinung des Herrn Jesu" (so Zedlers *Universal-Lexikon Aller Wissenschaften und Künste* 1748) den Zorn der Theologen und Aufklärer weckte, waren es im katholischen Süden die immer „ausschweifender" werdenden Krampus- und Nikolaus-Spektakel, die schließlich – etwa vier Jahrzehnte später – aufklärerische Vernünftigkeit auf den Plan riefen. Sie wollte dem munteren Treiben in eindringlichen Appellen, formuliert in kleinen Streitschriften, Einhalt gebieten, doch vorerst wohl ohne Erfolg. Heute sind diese kuriosen Anti-Nikolaus-Pamphlete eine wichtige kulturhistorische Quelle;

Diabolische Bildbotschaft zum Nikolausfest: „Expresszug aus der Hölle". Krampuskarte aus der Sammlung von Ernst Brodträger.

eine dieser Broschüren, die Schrift *Was ist der Nikola? Nannerl! schau! schau! dort steht der Wau, Wau! Schon kommt er geloffen herab vom Feldbau* (Wien 1782) von J. D. Hanner, berichtet uns, dass das Nikolospielen von Handwerkergesellen und kleinen Geschäftsleuten sogar gewerbsmäßig betrieben wurde – man bestellte bei ihnen eine „Nikolo- und Krampus-Show" und konnte sich der professionellen Durchführung gewiss sein. Und wir erfahren aus Hanners Beitrag zum josephinischen Nikolausdiskurs auch den Wortlaut eines jener Sprüche, welche die Kinder im Angesichte des weißbärtigen Heiligen und seines zottelfelligen Begleiters zu memorieren hatten:

Herein! herein! Herr Nikola!
Es sind gar fromme Kinder da;
Sie betten gern und lernen gern –
Nur, Herr Nikla, was schön's verehr'n!
Nuß', Zucker, Obst, auch Marziban;
Wir nehmen alles willig an.
Auch Mandelkern, Ziweb'n und Feig'n
Auch wenn du willst ein' hibsche Geig'n.
Doch Mädeln lieb'n die Docken sehr,*
Nur Buben sind sie keine Ehr' –
Zwar kömmst aus einem weiten Land,
Doch Gottesmann, mach' auf die Hand!
Gieb uns, was dir gefällig ist,
Wir lernen ja zu aller Frist.
Lieben auch Vater und Mutter all'zeit,
Du schwarzer Krampus stell' dich ziemlich weit!
Herr Nikla zum Beschluß!
Nehmen Sie vorlieb mit dem Handkuß.

*Puppen

Die Attacken der Aufklärer richteten sich jedoch nicht nur gegen den pädagogischen Unsinn, Gehorsam durch theatralisch inszenierte Drohungen erzwingen zu wollen, sondern verstärkt auch gegen die „Possen" des Krampus, der, folgt man den Quellen, seine Aufmerksamkeit vor allem den hübschen weiblichen Bedienten der besuchten Häuser widmete und vor erotisch-anzüglichem Unfug nicht zurückschreckte. Was barocke Sinnenfreude und die Lust an der Komödie einst geduldet, ja geschätzt hatten, war der nüchtern-praktisch denkenden Stadtgesellschaft am Vorabend der großen europäischen Krise, heraufbeschworen durch die Französische Revolution, bereits bedenklich – die Zeit war reif für neue Formen des Geschenktransfers und familiärer weihnachtlicher Idyllik.

Der heilige Nikolaus zieht über Land. Illustration nach einem Aquarell von Heinrich Lefler.

Das Salzburger Nikologartl

Bevor auch in Salzburg die Bescherung unter dem Christbaum Einzug in den Haushalten hielt, gab es für die Kinder nur am Nikolaustag Geschenke: das sogenannte „Nikologartl“. Dabei bastelten die Eltern auf einer meist quadratischen Bodenplatte einen kleinen Garten mit Zaun, in dem die Figuren des Nikolaus und des Krampus Aufstellung fanden; den Boden legten sie sorgfältig mit Moos und Tannenreisig aus, dann füllten sie das „Nikologartl“ mit allerlei Köstlichkeiten auf – dazu gehörten etwa Äpfel, Nüsse, gedörrte Zwetschken, Kletzen und Feigen. Manchmal stellte die Mutter vor dem „Gartl“ auch noch kleine brennende Wachskerzen auf.

Wer keine Zeit zum Bau eines „Nikologartls“ fand, der konnte es am Salzburger Christkindlmarkt auch als fertiges Arrangement kaufen. Der seit 1840 beim Salzburger Dom abgehaltene Weihnachtsmarkt war deshalb in früheren Zeiten zu Recht als „Nikolaimarkt“ bekannt; die früheste Erwähnung eines Markts in Salzburg findet sich in einer Rechnung des Salzburger Bürgerspitals aus dem Jahre 1491. Von einem Vorweihnachtsmarkt wird in den Quellen erstmals 1679 berichtet; nun ist allgemein bereits von einem „Nikolaimarkt“ die Rede. So sagt der aus Donauwörth stammende Aufklärer und Salzburg-Chronist Lorenz Hübner (1751–1807) in seiner 1793 erschienenen *Beschreibung der hochfürstlich-erzbischöflichen Haupt- und Residenzstadt Salzburg und ihrer Gegenden* über den Nikolaimarkt: „Ein sogenannter Christmarkt ist eigentlich für die Stadteinwohner gewidmet. Er fängt 14 Tage vor Nikolai an und dauert noch 14 Tage danach. Während dieser Zeit wird Puppen- und Naschwerk verkauft und es ist jedermann gestattet, alte oder Trödlwaren öffentlich feilzuhalten.“ 1849 schränkte der Salzburger Magistrat die Dauer des Weihnachtsmarktes auf 14 Tage um Nikolo ein; die Standler hielten sich jedoch nicht daran. Die Aufnahme in die städtische Marktordnung erfolgte schließlich 1903 unter folgenden Vorgaben: „In der Zeit von 11. November bis 24. Dezember findet unter den Dombögen der Nikolaimarkt statt, auf welchem nur von Personen, welche in der Stadt Salzburg wohnhaft sind, Waren aller Art, mit Ausnahme von Nahrungs- und Genußmitteln sowie Getränken, feilgehalten werden dürfen.“

In der Zeit des aufkommenden Faschismus in den 1930er-Jahren ging der Sinn für Tradition und Bedeutung des Nikolaimarkts verloren; erst nach dem Zweiten Weltkrieg konnte wieder jene friedliche Stimmung um sich greifen, die für einen Weihnachtsmarkt unerlässlich ist: Der Weihnachtsmarkt fand 1946 zunächst im Kurpark eine Heimstätte, dann am Mirabellplatz und schließlich übersiedelte der Christkindlmarkt wieder auf den Domplatz. Bei Punsch und Glühwein, Würsteln und Maroni kann der Salzburger Adventwanderer heute hier in vollen Zügen alpenländische Weihnachtsstimmung genießen.

Mit Figuren reich dekorierter Leuchter in zwei Etagen: Die sogenannte „Bergspinne" war ein Vorläufer des Adventskranzes.

Osttiroler Nikolausspruch

Seinen Auftritt feierte der heilige Nikolaus auch in Tirol mit einer großen Schar von Begleitern, wobei der „Klaubauf“ oder Krampus nicht fehlen durfte. In Matrei in Osttirol hat sich der Brauch des „Klaubaufgehens“ bis heute in seiner „urwüchsigen Art“ (Otto Koenig) erhalten: Dreißig bis vierzig „Klaubäufe“ toben durch die Straßen; die dunklen Gestalten tragen Mäntel aus Schaffell und riesige, aus Holz geschnitzte Gesichtsmasken; um den Leib haben sie sich Schellen geschnallt. Sie stürmen nach dem Besuch des Nikolaus in die Stuben und versuchen die Bewohner hinter den Tischen hervorzuziehen. Besonders haben es die „Klaubäufe“, hinter denen sich junge Männer verbergen, natürlich auf die hübschen Mädchen abgesehen, die sie ins Freie ziehen und kurz in den Schnee werfen. Auch männliche Zuschauer des wilden Treibens sind vor Angriffen nicht gefeit; dabei versuchen die Klaubäufe ihren Kontrahenten auf den Boden zu schmeißen – eine „ritualisierte Rauferei“, die, wie der Volkskundler Otto Koenig gezeigt hat, genauen Regeln folgt und keineswegs auf eine Verletzung des Gegners zielt.
Aus Lienz ist der folgende alte Spruch überliefert:

O liebster Heiliger Nikolaus,
Komm doch zu mir ins Haus,
Und leer dein Sackl aus,
Beutle viel Glück und Segen heraus,
Den Krampus lass aber nicht herein,
Dann nimmt er die Rute und weicht sie ein,
und haut aber schon ganz sakrisch drein.

Abraham a Sancta Clara

Item fragt der Nicola

Ein frühes Zeugnis für das Erscheinen des Nikolaus am Vorabend des 6. Dezembers stellt der folgende, Abraham a Sancta Clara zugeschriebene Text aus dem Sammelwerk *Abrahamisches Gehab dich wohl! oder Urlaube In diesem End-Wercke seiner Schrifften* (...), erschienen 1729 in Nürnberg, dar. Beim Lesepublikum der Barockzeit genossen diese bildhaften, reich mit Wortspielen durchsetzten Sprüche des beredten Augustinerpaters größte Wertschätzung – die Beifügung „abrahamisch" wurde geradezu als Markenzeichen für Predigten und Traktate gehandelt. Auffallend ist, dass Abraham zufolge der Nikolaus nicht selbst die Gaben bringt, sondern zunächst nur „prüft", ob die Kinder tatsächlich brav gewesen sind.

Es ist eine uralte Gewohnheit, daß heuntigen Tags der Nicola einleget, kommet aber eine Nacht vorhero, die Kinder zu probiren und zu examiniren, ob sie auch durch ihre Herren Lehrmeister, Hofmeister, Schulmeister, Rechenmeister, Sprachmeister und andere Informations-Räth wohl unterwiesen in Glaubens-Sachen, in Buchstabiren, Sylben theilen, Lesen und Schreiben, in Rechnen, in Sprachen etc.

Item fragt der Nicola:
Wie sich die Kinder das gantze Jahr hindurch verhalten haben?
Ob sie gern beten?
Denen Eltern und Praeceptoribus gehorsam seyn?
Ob zum Exempel der Hanserl und der Paul
nicht zu faul?
Ob der Fräntzerl und Ignazerl
kein schlimmes Frazerl?
Ob der Michel und der Six
vielleicht gelernt nix?
Ob die Cätherl gern bei dem Räderl?
Ob die Sabindl gern bei der Spindl?
Ob die Liserl und Thereserl
nicht etwan zweyn junge Eserl?
Diss alles fragt der Nicola.

„Ritualisiertes" Raufen gehörte zum Brauch: Nikolaus und „Klaubäufe" beim „Klaubaufgehen" in Matrei, Osttirol, um 1935.

Haegrad

Das Nikolausgespenst

Ein ungemein kritisches und zugleich farbiges Bild von der „Nikolaus Maskerade" in josephinischer Zeit ist uns in einer kleinen Broschüre überliefert, die 1782 unter dem Pseudonym „Haegrad" publiziert wurde: *Ein ächter Beitrag zur Schilderung Wiens über die Vorurtheile des Nikolausgespenstes durch dessen Gepolter die Einbildungskraft der Minderjährigen so thorecht als unbillig mißhandelt wird* – so der langatmige Titel dieses seltsamen Pamphlets, in dem der unbekannte Verfasser zwar mit aller Macht den Beweis für die pädagogische Unvernunft des beliebten Brauchs antritt, dabei jedoch unwillkürlich selbst dem eigentümlichen Faszinosum des „Nikolausspiels" verfällt. Seiner sehr authentischen, wenn auch mitunter polemisch überspitzten Schilderung verdanken wir nicht zuletzt einen wichtigen Hinweis auf das sogenannte „Nikolobäumchen", das in den wohlhabenden Familien Wiens gegen Ende des 18. Jahrhunderts einigermaßen populär gewesen sein dürfte – Haegrads Bemerkung über den „grünen Baum" für die Kinder von „Papa Lipperl" ist ein Beleg dafür, dass der Lichterbaum zumindest „in seiner Funktion als winterliches Festzeichen" (Helmut Paul Fielhauer) bereits Jahrzehnte vor der eigentlichen „Einführung" des Christbaums bekannt war.

Schon am Vorabend des Nikolausfestes werden den Kindern verschiedene Histörchen von dem Krampus vorgesagt, wenn ohngefähr ein Windlicht vorbeigehet, sagt man ihnen, der Nikolaus komme in dem feurigen Wagen vom Himmel, es ist aber nur der Wastel mit dem Flederwisch; schon tönt der Wächter seinen Mitternachtsgesang im tiefen Baß, hüllt sich in seinen Schlafpelz, und beurlaubet sich von der im Schlaf versenkten Stadt: Aber unsere kleinen Nikolausklienten haben noch nicht eingeschlafen, wie wäre es auch möglich, auf allen Seiten verfolgen sie Unruhen und Schrökken, dann spätt Abends rasselte unten im Hause gleich höllischen Gespenstern mit Ketten der bestellte Hausmeister, selbst die Stubenmagd büllte vor der Thür wie ein blökkendes Kalb, und pochte an die Zimmerthür: jeder sagt ihm mit verstellter Mine, der Nikolaus melde sich an; doch Gedanken und Ahndungen dem Nikolaus nicht genug zu thun, machen einen noch größeren Tumult in dem zitternden Herzen der Kleinen, aus Mattigkeit fallen sie endlich in die Arme des Schlafes, doch auch der Schlaf eines Furchtsamen ist Unruhe und Schrökken, denn sobald der schlummernde Kleine das Bellen der Hunde und das Rasen des Windes nicht mehr deutlich vernimmt, so bemächtigen ihm ängstliche Träume sich seines Gefühles, bald träumt er, seine betrübte Seele erhebe sich über die Wolken, und falle von dorten in das tobende Meer herab, bald läuft er auf steilen Bergen herum und fliehet vor einem blutdürstenden Tieger, und dann glaubt er wieder in einen bodenlosen Abgrund zu stürzen; er schwitzet, sträubt sich, stoßt sich an den unruhigen Kopf, und erwachet in plötzlichen Schrökken, nicht selten von gichterischen fraishaften Anfällen erschüttert, ziehet die Daumen ein, und knirscht mit den Zähnen, und das alles wegen der hübschen Erzählungen von dem Nikolaus.

Nun, welche Muse oder Satir beschreibt mir anjetzo den prächtigen Einzug des von Gold glänzenden Nikolaus in das beleuchtete Zimmer des frommen gnädigen Herrn, in dessen Kopf es aber desto finsterer aussieht, und vor den es schade, daß er ein Weltmann, und nicht vielmehr ein dummer Mönch geworden – – stille, doch stille, er ist schon zugegen mit verlarvter Stirne, mit satirischer Mine und Bart, und – – nun tritt er wirklich ein der heilige Nikolaus, im bischöflichen Pracht, im goldenen Vespermantel mit glänzender Bischofsmütze und Stab, wie ein Theaterkönig, und prangend wie der Palmesel. Der gute dumme Herr Papa Lipperl und die andächtige Mama Walperl machen ihm tiefe Komplimenten, – – St. St. lachen ist verboten – – um ihre Rolle recht christlich zu spielen, küssen sie ihm die Händ, – o welch ein heiliger Schauer durchfährt das Gefühl des minderjährigen Seperl und der kleinen Nannete – sich bewußt aller kleinen Thorheiten, so sie das Jahr hindurch begangen, überdenken sie schnell alle Fehltritte, und der orakelmäßige Ausspruch des vermeinten Nikolaus, der nach ganz vertrautem Vorgeben der Aeltern vom Himmel kömmt und alle menschlichen Gedanken ganz genau (den kleinsten Umstand nicht ausgenommen) vorhält, bestärket die kleine Betrogene in ihrem Irrwahn.

Mit Husten und Scharfüssen gehet der minderjährige Supplikant dem gefürchteten Nikolaus entgegen, der Bischof aber macht den Eingang zur Unterredung durch Gebärden: sich mit majestätischer Mine zu den immer sich bükkenden Kindern wendend, intonirt er mit angenommener Stimme – ich weiß schon, – – ich weiß nur zu gut, was ihr das ganze Jahr gelernet, und was ihr nicht gelernet, ich weiß alle eure losen Streiche und Ungehorsam – – den ihr gegen euren Papa und Mama begangen, ihr werdet (drohet mit der Ruthe) wie billig gestrafet werden, könnt ihr nur nicht recht aufsagen; aber als Ceremonienmeister rumpelt der bellende Krampus den Kindern entgegen, nöthiget sie stille zu stehen, und zerstreuet ihre hervorquellenden Worte, daß sie von dem goldenen Manne ungehört sich an den Wänden des Saales zerstossen, und ihr Wiederhall die betende Geschwister in Angst und Schrökken versezet: – – endlich legt des heiligen Nikolaus mächtige Stimme dem ergrimmten Cerberus Stillschweigen auf, gehorsam kriecht er zu den Füssen seines Gebieters (wie einst der feuerspeiende Luzifer zu den Füssen des heiligen Prokop) und küsset mit blekkender Gosche den Saum seiner Kleider.–

Nun herrscht ein ernsthaftes Stillschweigen; die große Versammlung der Zuschauer heißt dem heiligen Bischof einen Sitz bringen, eine Ehre, die einem solchen verkleideten Mösner, das ganze Jahr in einer so ansehnlichen Versammlung gnädiger vergüldeter Herren und geschmükter Frauen nicht zu theil wird.

Mit vertraulicher Beredsamkeit fängt der maskirte Nikolaus, seine Karavann von dem hohen Sitze des Olimps herunter zu erzählen an, und sitzet im bischöflichen Ornat das, wie Pontius Pilatus auf dem Throne. Die aufgeklärten Gäste die eben nicht gelehrter, hören dem wichtigen Manne mit sichtbarem Erstaunen zu und drehen mit bedeutlicher Mine die Köpfe, indessen sagt das furchtsame Kind stotternd alle Gebethe und Lehrstükke des Katechismus auf, nicht selten fällt ihm aus Furcht des gegenwärtigen himmlischen Mannes das Gedächtniß, sofern es nun seine Rolle nicht gebührend wie ein Kanarienwerkl daher sagt (denn der verlarvte Pedant giebt nur auf die Worte, nicht aber auf den Sinn des Gesagten acht) oder wenn er sich durch das Jahr hindurch ungehorsam verhalten, ist man nicht zufrieden es mit dem guten Genius getäuschet zu haben, es muß sogar der Krampus mit Bärenpratzen, mit feurigem Rachen und Drachenschweif erscheinen, und selbes schrekken.– Es wird ein Getöse, das Gespenst macht einen Anfall auf den Knaben, als wollte es ihn rauben, der Knabe schreit, weint, ruft um Hilfe, aber weit gefehlt, daß er Hilfe fände, übergeben ihn die unbescheidenen Aeltern, oder unbarmherzige Gerhaben noch selbst dem vermeinten Menschenfresser, der ihn mit einer Kette umschlingt und eine Weile mitschleppet, oder gar mit Ruthen derb abschmieret, welches dieses verkapten Wasteln trefflich verstehen.

Auch die Laqueien und Mägde haben ihren herzlichen Spaß mit, weil der Krampus sich stellen muß, als wollte er sie mitnehmen, er wagt auf selben einen Anfall, damit sich die Kinder desto mehr fürchten, es setzet oft ein jämmerliches Gestöber, Geschrey, Gepolter und Herumschlägerey unter dem Hausgesindl, wie bey dem Sabiner Raub ab, und und man denkt, bei dergleichen Akten müsse und kann alles hingehen, o da schreien sie zusamm, da jammert die Jungfrau Mariandl so wie Zuchthäuslerinnen lamentirten, da ihnen die Haare abgeschoren wurden, und es ist kein Winkel im Vorhofe, wo man nicht Bellen, Blekken, Weinen, Kirren und Toben hört, aber diese Sabinerinnen lassen sich selbst gar zu gerne von dem jungen Krampus rauben; und also haben Herr, Frau, Mägde und Diener auf Kosten deren Unmündigen einen gesellschaftlichen

Tag. Unter diesen tollen, oft ärgerlichen Balgereien und Gestöber unter dem Hausgesindl, werden den Kindern die dümmsten Vorurtheile eingepräget, und die Aeltern ergötzen sich noch daran! Dieß ist die Folge von diesem schönen christlichen Gebrauch. Oft ist unter diesem freien Eintritt namhaft gestohlen worden, doch niemand konnte den Thäter entdecken, dann in dem Trüben laßt sich bequem fischen, ja es sind wohl noch ärgere Mißhandlungen von derlei verlarvten Krampus verübet worden, vor welche aber meine Bescheidenheit den Vorhang fallen läßt, Väter und Mütter werden mich verstehen.
Wann die Verhör bei dem Nikolaus gut abgeloffen, so bekömmt der Knabe, das Mädchen, und bisweilen auch die Mägde verschiedene Geschenknisse, meistens Kleider oder andere Sachen, die man ihnen ohne dies hätte anschaffen müssen, der gütige Nikolaus zieht ein frommmachendes Geschenk aus seiner Tasche hervor, er entwikkelt es aus den umhüllenden Papieren, es ist ein goldgefaßtes Lehrbuch und ein mit Steinen besetztes Angehäng, an einem rothen Bande, welches der Nikolaus dem Knaben anhängt; o welchs frohes Bewußtsein durchströhment jetzt die rothen Wangen des Kleinen! mit leiser Stimme dankt er dem heiligen Manne: ein solches Gefühl durchdringet die Brust eines Ritters, wenn sie nun zum erstenmale, unter dem geheiligten Orden Sterne klopfet; was für köstliche Geschenke häufen sich nicht in dem Schoose der glücklichen kleinen Nanette! Spitzen und Ringe, Nadelbüchsel und ein vergoldetes Nähekissen, Docken (Puppen – Anm. d. Verf.) und künstliche Blumen – – ach denkt sie, so viel Reichthum hat selbst meine gnädige Tante und Mama nicht! sie dünkt sich die glüklichste Princessin! es folgen ganze Schissel voll des niedlichsten frischen und gedörten Obstes, Pfirschen und Amarellen, Lebkuchen und Mandelbächt, und zulezt ein grüner Baum, mit brennenden kleinen Kerzichen bestekket, auf welchen etwelche Pfunde candirtes Zukerbacht eben so glänzen, wie der vom Reife candirte Kirschenbaum zu Winterszeit schimmert, wenn alles vor Kälte kieret und der frohe Schlitten über den Eisrükken des Flusses sicher hinüber rollet.

Karoline Pichler

Nikolaus und Krampus

Im ersten Band ihrer 1841 erschienenen *Zeitbilder* erinnert sich Karoline Pichler (1769–1843), die jahrzehntelang den bedeutendsten literarischen Salon Wiens unterhielt, wie Nikolaustag und Weihnachten um 1780 in ihrem Elternhaus gefeiert wurden. Als Tochter eines wohlbestallten Hofrats und einer Vorleserin am kaiserlichen Hofe genoss sie eine ausgezeichnete Erziehung, da durften natürlich auch so heiß ersehnte Momente wie der Besuch des Nikolaus und seines höllischen Begleiters nicht fehlen.

Der 5. Dezember und mit ihm der Vorabend des Nikolaustages war gekommen. Jetzt ertönte ein lautes Geklingel vor der Tür, diese öffnete sich rasch, ein heller Lichtschein strömte ins Zimmer; und nun trat der Bischof mit der hohen Mütze und dem langen weißen Bart, auch sonst wohlvermummt mit weißer Perücke und Baumwollbart, den goldenen Stab in der Hand, mit feierlichem Anstand herein. Hinter ihm kam der Krampus im schwarzen Pelzrock, mit Hörnern auf dem Kopfe und einer mächtigen Rute, in den Händen einen Sack voll Nüsse. Der heilige Mann prüfte die Kinder aus dem, was sie damals in der Schule lernten, und teilte dann die Geschenke aus. Er drohte wohl auch mit der Rute, die der Schwarze zum Schrecken der Kinder schwang; endlich aber hieß er den Krampus, seinen Sack auszuleeren. Dies geschah dann mit großem Gepolter, zur Freude der Kinder, die auf die herauskollernden Nüsse losstürzten und ihnen in alle Winkel nachkrochen.

Diesem Abend folgte nun bald der Weihnachtsabend. Damals war er kein Fest mit duftendem Tannenbäumchen und schimmernden Lichtern, sondern ein Tag der Vorbereitung auf den hohen Festtag, an dem man Enthaltsamkeit und Genuß, Andacht und Vergnügen sinnig zu vereinigen wußte.

Streng beobachtete man das Fasten. Es versteht sich, daß in den Häusern, wo man etwas darauf hielt, nicht nur kein Fleisch auf den Tisch kam, sondern daß man auch bloß eine Mahlzeit zu sich nahm, und zwar gegen Abend.

Nach dieser gesellten sich gewöhnlich die Freunde des Hauses zur Familie und begingen ein sogenanntes

„Sabbathindl". Man veranstaltete Gesellschaftsspiele, darunter das wohlbekannte „Lesseln". Dann, gegen Mitternacht, begab man sich in die Mette, das heißt in das Hochamt, das um diese Stunde in den Kirchen zum Andenken der Geburt des Heilands gehalten wird, und kehrte hierauf nach Hause zurück. Nichts hielt jetzt mehr davon ab, in Gesellschaft heiterer Tischgenossen ein recht reichliches Mahl zu verzehren. Der Weihnachtstag war ja angebrochen, somit der Genuß der Fleischspeisen erlaubt.

Unter „Lesseln" oder „Lösseln" verstand man Gesellschaftsspiele, die in den Raunächten – „Lößnächten" – einen Blick in die Zukunft erlauben sollten; dazu zählten Ofenlochschauen, Bleigießen und Schuhwerfen. Bei letzterem Vergnügen saßen die unverheirateten Mädchen mit dem Rücken gegen die Tür und warfen ihren Schuh über den Kopf hinweg. Zeigte die Schuhspitze zur Tür, so galt dies als ein Zeichen, daß das betreffende Mädchen noch im kommenden Jahr als Braut durch diese hinausgehen würde. „Sabbathindel", den wienerischen Ausdruck für „Christmette", leitete Volkskundler Gustav Gugitz von italienisch *sabbatino* („Abendunterhaltung") ab.

Heinrich Ritter von Levitschnigg

Ein Krampus aus Pflaumen vulgo Zwetschkenkrampus

Zu Recht vergessen sind heute die meist auf exotischen Schauplätzen spielenden reißerischen Romane des ehemaligen Berufsoffiziers und später als Journalist und Schriftsteller tätigen Heinrich Ritter von Levitschnigg (1810–1862). Sein bekanntestes Buch, *Wien wie es war und ist* (1860), ist jedoch eine geschätzte kulturgeschichtliche Quelle, unter anderem erinnert sich Levitschnigg in seiner unterhaltsam zu lesenden Beschreibung der kaiserlichen Residenzstadt auch an das alte Nikolausfest – von den barocken Tollheiten, so berichtet er, sei jedoch um die Mitte des 19. Jahrhunderts nicht mehr viel geblieben, der einst gefürchtete diabolische Rutenschwinger an der Seite des heiligen Bischofs zum kümmerlichen Zwetschkenkrampus verkommen …

Wenn der November zu Ende geht und die Festklänge allüberall verstummen, denn „Kathrein sperrt den Tanz ein", dann beginnt ein ernsteres und doch nebenbei lustigeres Leben und Treiben in der großen Residenz am oberen Donaugestade. Die Adventzeit ist herbeigekommen, das Weihnachtsfest steht vor der Thür, und bald wird der Christabend dämmern mit seinen reichbehängten Tannenbäumen, an deren Zweigen hunderte von Lichterchen die Geburt des Helden vom See Tiberias feiern und verkünden. (…)
Der Vorläufer der Weihnachten ist das Nikolaifest.
Dies Fest wird zu Ehren des heiligen Nikolaus, des einstigen Bischofs von Myra, am 6. Dezember gefeiert. Der heilige Nikolaus, heißt es, zieht an diesem Tage Abends mit dem Knecht Ruprecht umher, droht den unfolgsamen Rangen mit der Ruthe, und gibt den gehorsamen Kindern Äpfel und Nüsse zu verkosten. Das Nikolaifest wurde im Mittelalter, besonders in Hamburg, mit Maskeraden und Gelagen gefeiert; diese Sitte ist auch hie und da, wie zum Beispiel in einigen Ortschaften von Thüringen, üblich.
In Wien heißt der heilige Nikolas schlechtweg Niklo, wobei die Betonung auf die letzte Sylbe fällt. Sein

Erscheinen wird den Kindern durch Klingelgeläute wie durch das Rasseln der Ketten verkündet. Der Heilige trägt die Bischofsmütze und den Krummstab. Seine Begleiter sind der Engel mit dem goldenen Stab und der sogenannte Krampus mit dem Schürhaken.

Dieser Krampus – ein Wiener Ausdruck – ist nichts weiter als der leidige Gottseibeiuns in höchst eigener Person. In Buden wie auf den Ständen der Halle, um nicht Höckerweiber zu sagen, wird ein Standbild, eine Statuette des Meisters Urian oder des Junkers Voland, verkauft, eine Statuette, welche komisch genug aus Pflaumen gefertigt wird und den Namen Zwetschkenkrampus zu führen pflegt. Dieser Zwetschkenkrampus schwingt die Ruthe, trägt auch Ketten, ist nebenbei mit Rauschgold in stattlicher Weise herausgeputzt. Hätte E. Th. A. Hoffmann diesen originellen Kauz gekannt, der Zwetschkenkrampus würde in dem obenerwähnten Märchen zweifelsohne eine sehr bedeutende Rolle gespielt, eine tüchtige Märchenfigur abgegeben haben

I bitt schön um mein Schiff

Im niederösterreichisch-steirischen Grenzgebiet, in der Gegend um Mariazell, begeht man den Nikolaustag mancherorts noch mit einem alten Brauch, der seit dem 15. Jahrhundert nachgewiesen ist. Die Kinder falten Papierschiffchen, die sie bemalen oder mit Buntpapier bekleben und mit einem poetisch formulierten „Schifferlspruch“ versehen. Dann „setzen“ sie die Nikolausschiffchen, die an die legendäre Meerfahrt des Heiligen erinnern, am Abend des 5. Dezembers heimlich vor die Wohnungs- oder Haustür von Verwandten oder Nachbarn – wichtig ist, dass sie dabei nicht erwischt werden. Nicht selten stehen dann gleich mehrere Schiffchen vor der Tür. Die Hausfrau ist natürlich auf dieses stille „Heischen“ von Gaben vorbereitet, hat vorsorglich Kuchen und Kekse gebacken sowie Geschenke eingekauft und verteilt nun diese in die Papierschiffchen, ohne allerdings zu wissen, wem diese gehören. Hat sie mehr Geschenke, als das Schiffchen fassen kann, so behilft sie sich mit einem Sackerl, in dem sie die Gaben verwahrt.

Am 6. Dezember kommen dann die „Schifferlsetzer“ und bitten mit den Worten „I bitt schön um mein Schiff!“ um Herausgabe ihres nunmehr prall gefüllten Papiernachen. Fleißige Kinder basteln bis zu fünf Schiffchen und können sich so einiges an Geschenken „erarbeiten“; von den Eltern bekommen sie zusätzlich – meist auf einem Teller – einige Kleinigkeiten.

Besondere Bedeutung gewann das „Schifferlsetzen“ in den Jahren um 1900, als es nach Schließung der Eisen verarbeitenden Betriebe im Raum Gußwerk zahlreiche Arbeitslose gab, deren Familien bittere Not litten. Die Mütter schickten ihre Kinder am 5. Dezember mit den Schiffchen in die Geschäfte von Mariazell, wo sie in Wäschekörben Aufnahme fanden. Bis zu 300 Schiffchen sollen sich in manchen Geschäften angesammelt haben, die dann mit Süßigkeiten gefüllt wurden, dazu spendete man aber auch noch Wäsche und Kleidungsstücke.

Verbreitet war das „Schifferlsetzen“ vor allem in den evangelischen Familien der Gemeinden Mitterbach, Annaberg und Gaming; in Trübenbach (Gemeinde Gaming) bekam auch der Lehrer zu St. Nikolaus ein großes Papierschiff, gefüllt von den Eltern der Schüler mit herzhaften kulinarischen Überraschungen: Speck, Eier, Butter, Selchfleisch, Naschwerk und Schnaps. Ließ es das Wetter zu, so musste der Herr Lehrer am Morgen des 6. Dezember das Papierschiff im Freien suchen – ein Spaß für die ganze Schule. Mit den

erhaltenen Köstlichkeiten musste der so reich beschenkte Pädagoge bis zu den Feiertagen gut haushalten, denn zu Weihnachten gab's dann – nichts mehr.
In den letzten Jahren ist der Brauch des Schifferlsetzens wieder belebt worden, so etwa in Euratsfeld und in Spitz an der Donau, wo sich die Pfarrgemeinde am 6. Dezember nach einer Vesper in der Pfarrkirche in Begleitung des Heiligen Nikolaus zur Donau begibt und hier selbstgebastelte und mit Kerzen beleuchtete Schiffchen in den Strom gesetzt werden. Auf die Segel der Schiffchen haben die Kinder ihre Wünsche geschrieben, die sich nun auf die große Reise machen ...

Schifferlsprüche aus Trübenbach

Schifflein hin,
Schifflein her,
lieber Nikolaus
belad es schwer.

I bin a klaner Pumpanigl,
i bin a klaner Bär,
und wia mi Gott erschaffen hat,
so kimm i halt daher.

Heute ist Nikolo
Drum leg i mein Schifferl nieder do
Und morgen bin i wieder do.

Dunkle Luz und Pudlmuata

Eine schreckliche Legende rankt sich um die Gestalt der heiligen Lucia, deren Fest die katholische Kirche am 13. Dezember begeht. Lucia lebte in Syrakus auf Sizilien und war von ihrer Mutter Eutychia im christlichen Glauben erzogen worden. Sie war eine große Schönheit und bezauberte die Männer vor allem mit ihren strahlenden Augen. Als sie von einem „heidnischen" Verehrer heftig bedrängt wurde, wusste das Mädchen keinen anderen Ausweg, als sich die Augen auszureißen und diese dem aufdringlichen Jüngling in einer Schale zu schicken. Ihr Leben endete Lucia während der Christenverfolgung des Diokletian unter dem Schwert des Henkers.

Lucia, die „Lichte" oder „Leuchtende", wurde in Sizilien zur Volksheiligen; in der christlichen Kunst erscheint sie mit Schwert und Halswunde, mit Buch und Öllampe, aber auch mit ihren Augen auf einer Schüssel. Bis zur Gregorianischen Kalenderreform im Jahre 1582 galt ihr Festtag als der kürzeste Tag des Jahres, die Nacht darauf als Mittwinternacht. Ein reiches Brauchtum begleitete daher einst in ganz Europa das St.-Luzien-Fest: Fruchtbarkeitszauber und Totenkult, Losbräuche und Riten des Maskierens, der Gestalt- und Wesensverwandlung. Die Gegenreformation entzog jedoch auch dieser alten Lichtgestalt konsequent und bewusst den Nährboden, sodass nur mehr ihre finsteren und schrecklichen Züge in Erinnerung blieben.

Wie der steirische Volkskundler Leopold Kretzenbacher gezeigt hat, versteckte sich hinter dem „helldunklen Mythenweib" der Lucia nicht nur die standhafte Heilige aus Sizilien, sondern auch eine „Heilbringerin" aus „heidnischer" Zeit, die in dieser Gestalt fortlebte. Ihre Spuren finden sich vor allem dort, wo sich die Protestanten behaupten konnten und am julianischen mittelalterlichen Brauchtumskalender festhielten: in der Oststeiermark, im Burgenland und im südlichen Niederösterreich. Hier trieb sie als „Lutzelfrau" oder „Lutscherl" ihr Unwesen, als „hässliche dicke Hexe mit zottigem Fell" schreckte sie mit ihren Krallen einsame Waldwanderer, Hirten, Pilze- und Beerensammler. Der „dunklen Luz", die in einigen Ortschaften auch als Begleiterin des Nikolaus auftauchte, wurde eine besondere Eigenschaft zugeschrieben: Sie wäre besessen von der Gier nach Fleisch, und zwar nach einem Stück aus der Ferse ihrer Opfer. Der steirische Sagensammler Hanns von der Sann vermerkte dazu: „Ungehorsame Kinder werden am ‚Lutschitag' von der

Lutschi oder Lutscherl heimgesucht, die denselben von der Ferse ein dreieckiges Stück Fleisch ausschneidet. Man droht den Kindern: ‚Es kommt die Lutscherl und schneidet die Fersen aus!' Ihr Anzug gleicht dem der Pudlmuata (nämlich ein weißes Tuch). Bekannt von Hartberg bis Fürstenfeld in Landgegenden." Und Leopold Kretzenbacher berichtet etwa von einer Überlieferung aus dem Wechselgebiet, wonach die Lutzelfrau die Krallen so tief in ihre Opfer schlage, dass man deren Spuren an den Fersen der Überfallenen sehen könne. Kein Wunder, dass man mit der „Fersenlutzel" auch im burgenländischen Güssing, in Kukmirn, Heiligenkreuz oder Oberwart die Kinder einschüchterte: Nicht nur mit dem Abschneiden der Fersen, auch mit dem Ausstechen der Augen oder dem Aufschlitzen des Bauches wurde gedroht.
Eine der Lutzelfrau eng verwandte Gestalt, die als „Umgeherin" durch die dunkle Winternacht geistert, ist die „Pudlmuata" (Pudelmutter, auch „Pudelfrau"). Auch diese Mittwintergestalt erscheint meist am Abend des 12. Dezember, also bei Anbruch der Luziennacht; in manchen Gegenden der Oststeiermark besucht sie die Häuser der Menschen erst am Abend des 5. Jänner. Ihren Namen hat das meist „wunderlich angezogene" alte Weiberl von der Gewohnheit, meist wortlos Äpfel und Nüsse, aber auch Steine, Kartoffeln und Rüben auf den Fußboden zu werfen. Die Sachen „pudeln" dann nur so über den Boden, wobei in den Kartoffelknollen auch Geldmünzen für brave Kinder stecken können. Aus dem oststeirischen Ort Tulbnitz bei Fladnitz an der Teichalpe sind aus dem Jahre1881 die folgenden Einzelheiten über das Auftreten der „Pudlmuata", die hier bezeichnenderweise auch als „Berschtmuata" angesprochen wird, überliefert:
„An einem Adventabend versammelt sich die ganze Familie in der Stube. Die Kinder stellen sich entweder neben die Türe oder, wenn sie böse und faule Kinder sind, so verkriechen sie sich hinter dem Ofenwinkel oder unter die Bank. Nachdem das kärgliche Abendmahl vollendet, verhält sich alles ruhig und alles lauscht, ob nicht Tritte in der Vorhalle ertönen. Man hört jetzt leise Schritte und darunter manchmal das Stoßen des Besens, an dessen oberem Ende ein Stab angebracht ist. Die bösen Kinder verkriechen sich noch tiefer, während sich die braven teils freuen, auf die Belohnung für ihren Fleiß, teils auch fürchten, es möchte doch etwa nicht ordentlich, rein und sauber sein.
Die kleine Stubentür geht langsam auf und ein kleines altes Mütterlein, die Berschtmuata mit einem Besen, geht herum. Sie schaut sich eine Weile um, mustert alles zuerst in der Stube, geht dann in die Küche und sucht alles möglichst genau durch. Findet sie etwas, was nicht rein und sauber geputzt ist, wie zum Beispiel das Geschirr, so fängt sie an zu schimpfen über das Küchenmädchen und flucht dasselbe aus. Auch in der Stube schaut sie, ob alles säuberlich vom Staube gereinigt ist. Ist alles reinlich, so ruft sie die Kinder mit mil-

Aus der hellen Heiligen wurde das dunkle „Mythenweib“: die „Lutzelfrau“ als Kinder raubende Percht. Illustration nach einem Holzschnitt aus dem 18. Jahrhundert.

den Worten herbei und gibt ihnen eine lange Lehre. Hierauf lässt sie die Kinder das Vaterunser und das Glaubensbekenntnis beten und können sie das gut, so beginnt die Alte zu lachen und zu grinsen und während sie dann in der Stube armselig umhertanzt, lässt sie absichtlich das in der Schürze gehaltene gedörrte Obst, worunter auch kleine Kieselsteine sind, um das Gepolter zu vermehren, fallen, und wie wenn die sich darüber erschreckte, läuft sie wie unsinnig zur Tür hinaus und fort. Hierauf beginnen die Kinder das Obst aufzulesen."

In der Gegend von Güssing im südlichen Burgenland erschien die „Pudelfrau" auch am Silvesterabend und beschenkte die Kinder mit Nüssen. Ein Neujahrs-Orakel verband sich mit diesem Besuch: Erhielten die Buben mehr Nüsse, so würden im neuen Jahr die Hähne besser geraten; bekamen aber die Mädchen mehr Nüsse, so bedeutete dies ein gutes Jahr für die Hennen.

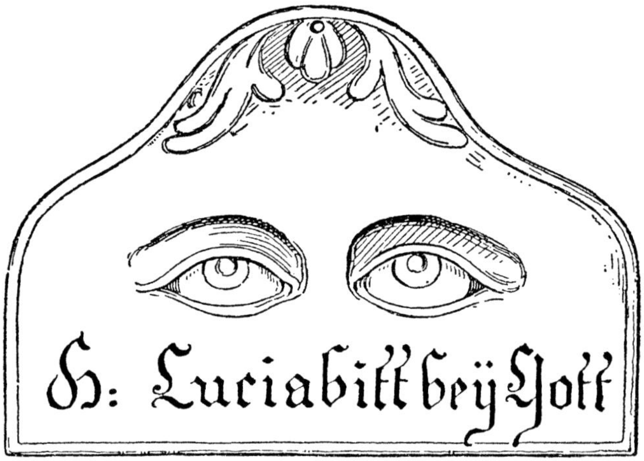

Die heilige Lucia als Schützerin des Augenlichts.
Votivtafel in Altersberg, Kärnten.

Thomasorakel und Thomaszoll

Vor der Liturgiereform 1970 war der 21. Dezember, die Wintersonnenwende, der Tag des heiligen Thomas, jenes Apostels, der an die Auferstehung seines Herrn Jesus Christus erst glaubte, als er seine Hände in die Wundmale des Gottessohns legen durfte. An diesem Tag, dem kürzesten des Jahres, begann im eigentlichen Sinn die Zeit der *wihen nahten*, der „heiligen Nächte". Die Bauern im Kärntner Gailtal brachten an allen Türen des Wohnhauses und des Stalles den Drudenfuß an; das uralte fünfzackige Zauberzeichen sollte vor Hexen und bösen Geistern schützen. Am Abend vor der längsten Nacht des Jahres, der ersten Raunacht, wurde geräuchert und das Vieh mit Weihwasser zum Schutz gegen Krankheiten besprengt. Gegen drohendes Unheil gab man den Tieren ein Gemisch aus Wacholdernadeln und gehackten Kräutern zu fressen, galt doch die Thomasnacht als „Rumpelnacht", in der die gespenstische Wilde Jagd johlend und lärmend durch die Landschaft zog.

Im Mostviertel pflückten die Bauern am Thomastag die „Hetscherl" (= Hagebutten) für die weihnachtliche „Maulgabe". Diese Maulgabe bekam das Vieh an den drei Raunachtsabenden vorgesetzt und es war dies eine ganz besondere Mischung, die den Tieren Segen spenden und Kraft geben sollte. Meist bereiteten die Bauern Kleieknödel vor, denen man drei Palmkatzerl vom Palmbuschen, drei Hetscherl vom Thomastag, geweihtes Salz und eventuell auch ein Stück Brot und zerriebene Blätter vom Fronleichnamskranzerl beimengte. Manchmal gab es noch besondere Zutaten: einen ganzen Nusskern zum Beispiel, der das Vieh vor Beinbruch schützen sollte, oder drei rote Ameisen, die bei den evangelischen Keuschlern in Trübenbach die Palmkatzerl ersetzten. Am Lonitzberg zwischen Purgstall und Steinakirchen am Forst verabreichte man die Maulgabe nicht als Knödel, sondern mit Krautblättern.

Längst vergessen ist, dass der Thomastag vielfach als jener Tag galt, an dem man in die Zukunft blicken konnte. Damit war er auch ein wichtiger Tag für die ledigen Mädchen. Jene, die es nicht mehr erwarten konnten, endlich den Richtigen zu finden, beteten:

Bettstadli tritt di,
heiliger Thomas, i bitt di
laß im Traum erschein
den Allerliebsten mein!

Angeblich wurde dieses Gebet allerdings nur wirksam, wenn sich die Mädchen mit dem Rücken zu ihrem Bett splitternackt auf einen Schemel stellten. Von Vorteil war es, sich am Thomastag am ganzen Leib zu waschen – Mädchen, die unabgetrocknet mit dem linken Fuß voran ins Bett stiegen und sich umgekehrt niederlegten, konnten im Traum ihr Schicksal vorhersehen. Und man konnte noch auf eine „Nebenwirkung" hoffen: Wenn die Mädchen das Waschwasser am Abend vor die Haustür stellten und sich auch am nächsten Morgen darin wuschen, sorgte dies dafür, dass sie ein schönes Gesicht bekamen. Und erwies sich ein Bursch als zu wenig willig, so half es angeblich, wenn man ihm ein Hemd oder ein anderes Kleidungsstück unter den Kopfpolster legte. Im Unterinntal in Tirol schrieben die Mädchen die Buchstaben des Alphabets auf einzelne Zettel und legten sie unter ihre Kissen; mit dem Buchstaben, der von ihnen während des Schlafs hervorgezogen wurde, sollte der Namen des zukünftigen Liebsten beginnen. Jene neugierigen Tirolerinnen, die Näheres über das Aussehen und den Charakter des kommenden Mannsbildes wissen wollten, zogen am Thomastag ein Scheit aus dem Holzstoß vor dem Haus – wie dieses Scheit sollte auch der Künftige sein: gerade oder krumm, groß oder klein, glatt oder rau.
Einen besonderen „Wasserzauber" pflegte man in Reichenau in den Gurktaler Alpen: Jungfräuliche Mädchen, die um Mitternacht zu einem stillstehenden Wasser gingen und hineinblickten, sollten darin das Antlitz ihres zukünftigen Bräutigams erblicken. In anderen Gegenden wiederum war es üblich, dass ledige junge Männer und Mädchen um Mitternacht zu einer Quelle zogen und folgenden Spruch aufsagten:

Heiliger Thomas, i bitt,
zag mir in Ruah und Fried,
zag mir in der Quelln so klar,
wer wert mei Bua (Diandle) übers Jahr?

Daraufhin, so glaubte man, würde sich im Wasser der Quelle das Bild des (der) Geliebten spiegeln.

Am Stephansplatz zur Weihnachtszeit. Aquarell von Rudolf von Alt.

16
12
6
4
14
18
20
23
8
24
15
11
7
5
3
13
21
10
19

Zu Beginn des 20. Jahrhunderts traten die weihnachtlichen „Tagesfresser" ihren Siegeszug an: Adventkalender, um 1950 (links) und 1933 (rechts). Österreichisches Museum für Volkskunde.

9

RUDI UND NANI SCHLA FEN.
IM FENSTER STEHT EIN SCHUH.
NOCH EIN SCHUH.
IM FENSTER STEHEN 2 SCHUHE.
NANI LAUF! DA SCHAU HER!
SO GUTE SACHEN IN DEN SCHUHEN.
DA AUCH!
VOM NIKOLO – UND EINE KLEINE RUTE.
RATE – VON WEM?

Geschenke stehen im Mittelpunkt: Nikolo und Weihnachten in der Volksschulfibel „Unser erstes Buch", herausgegeben von Johann Heeger und Alois Legrün.

WEIH NACHTEN IST DA !

BEIM KAUF MANN SIND SCHÖNE SACHEN :
PUPPEN UND WURSTELN , WAGEN UND AUCH
EINE EISEN BAHN .
RUDI UND NANI WOLLEN GERN ALLES HABEN.

DAS CHRIST KIND WAR DA .

RUDI HAT WIRKLICH EINE EISEN BAHN.
NANI EINE SCHÖNE PUPPE .
HANSI EINEN WURSTEL .
AM SCHÖNSTEN IST DOCH DER CHRIST BAUM
MIT DEN LICHTERN .

Ernst Kutzer (1880-1965) schuf die Illustrationen zu dem erstmals 1927 im Deutschen Verlag für Jugend und Volk erschienenen Lesebuch.

Nikolausabend im Biedermeier: Der heilige Gabenbringer wird vom Krampus und von zwei Engeln begleitet. Monogrammist A. V., Ölgemälde, um 1845. Österreichisches Museum für Volkskunde.

Vergessenes Mittwinterbrauchtum: Auch die „Lutzelfrau" brachte einst Geschenke. Gemälde von Friedrich Friedländer. Galerie Alte Kunst, Wien.

In Oberösterreich wiederum vertrauten die ledigen jungen Frauen dem Orakel des Zwetschken- und Weichselbaumschüttelns. Dabei mussten sie „unterm Aveläuten“ an einem Bäumchen rütteln und einen Vers dazu sprechen:

Zwetschkenbam, i schüttl di,
Heiliger Thomas, i bitt di,
lass mir an Hunderl belln,
wo si mei Schatz tuat meldn.

Danach horchten sie angestrengt in die dunkle Nacht hinaus, ob nicht Hundegebell die Richtung anzeigen würde, aus der ihr Bräutigam kommen würde. Im niederösterreichischen Schönbühel an der Donau dagegen versuchten die Mädchen durch „Sauklopfen“ ihre Liebeszukunft zu erforschen. Dabei klopften sie in der Thomasnacht an den Saustall, rührte sich zuerst ein junges Schwein, wartete ein junger Mann auf sie, gab ein älteres Tier Ton, musste man mit einem reifen Herrn rechnen. Dann klopfte man ein zweites Mal und zählte die Schläge bis zum ersten „Grunzer“ – die Anzahl der Schläge zeigte die Zahl der Jahre an, die man noch würde warten müssen.

Wollten die jungen Burschen ihre Zukunft in Sachen Liebe kennen lernen, so gab es auch noch andere Orakel. So übten sie sich im „Zaunstecken zählen“. Dazu nannte man eine Zahl, dann zählten sie rechts von der Zauntür die entsprechende Anzahl von Zaunstecken ab – das Aussehen des ausgezählten Zahnsteckens sollte dann Rückschlüsse auf die zukünftige Braut erlauben.

Bei den Orakelbräuchen ging es aber nicht immer nur um die Liebe. So pflegte man in der Kitzbühler Gegend um Mitternacht die „Griendlstecken“, das sind die Grenzpfähle zwischen drei benachbarten Höfen, herauszuziehen; anhand der dunklen Löcher konnten bestimmte „feinfühlige“ Personen die Ereignisse des kommenden Jahres voraussagen.

Und vergessen ist auch der Dämon dieses Tages, der schreckliche „Thomaszoll“, vor dem man einst in den Häusern des Ybbs- und Erlauftals zitterte. Sein Reich waren die ausgedehnten Waldgebiete rund um den Ötscher und besonders am 21. Dezember trieb er es arg. Deshalb war es auch wichtig, dass am Thomastag nichts außerhalb des Hauses stehen oder hängen blieb – es hätte dem Thomaszoll in die Hände fallen können. Und waren die Kinder nicht so brav, wie man es sich wünschte, drohte man ihnen mit dieser Dämonengestalt, von der in den Waldgegenden Niederbayerns die Sage ging, dass diese niemals eine Stube betreten würde, sondern nur ihr mit Blut besudeltes Bein zur Tür hereinstrecke. Auch im Burgenland war der „blutige Thomas“ oder auch „Thomawaschl“ nicht unbekannt und in manchen Alpengegenden erschien die „Thomashutze“, eine Vogelpercht. Da der 21. Dezember auch der Tag war, an dem auf den Bauernhöfen die Schweine geschlachtet wurden, um für die Feiertage ausreichend mit Fleisch versorgt zu sein, wird der „blutige Thomas“ von der volkskundlichen Forschung als „Sautod“ mit diesem winterlichen Schweineschlachtfest in Verbindung gebracht. Und auch die obligaten Bezüge zur germanischen Mythologie wurden hergestellt: Der Thomaszoll soll, so die Ansicht des bayerischen Heimatkundlers Max Peinkofer, ein Nachfahre Donars, des Gottes mit dem Hammer, sein. Indiz dafür sei eine Überlieferung aus dem Bayerischen Wald, wo der „Thama mit'n Hamma“ unfolgsamen Kindern mit dem Hammer einen Nagel in den Kopf getrieben oder ihnen den Kopf eingeschlagen haben soll.

Blutig ging's am Thomastag auch auf den Höfen im Koprein- und Luschagebiet in Kärnten zu. Hier war es Tradition, ein Rind zu schlagen und das Fleisch zum Räuchern in die Selchkammer zu hängen. Mit dem Blut des getöteten Tieres wurde die Stubendecke angestrichen; der Schädel wurde zur Abwehr von Seuchen am Giebel des Wirtschaftsgebäudes befestigt.

Es gibt aber auch eine „gute“ Variante der Thomas-Gestalten: So ist es im Bezirk Liezen in Osttirol der „Thomasniglo“, der die Kinder zum Bravsein anhält und am Vorabend des Thomastages zu ihnen kommt und Geschenke verteilt. Am Thomastag wurde aber nicht nur geschlachtet, sondern auch fleißig gekocht. In Oberösterreich bereitete man etwa das „Störibrot“ (von althochdeutsch *stere* = „Stärke“) zu, eine Mischung aus Weizen- und hellem Roggenmehl, oft mit Anis gewürzt, von dem man glaubte, dass sein Genuss die Menschen stark machen würde. Der Sagensammler Albert Depiny überlieferte zum Störibrot folgende fromme Sage: Zu jener Zeit, als das Christkind geboren ward, stieg ein heller Schein von einem Stern am Himmel auf. Die Leute ließen alles liegen und stehen, liefen dem Schein nach und kamen zum Jesuskind. Da fiel einigen ein, dass das Brot im Backofen war und sie in der Eile die Dampflöcher verstopft gelassen hatten, andere fürchteten für ihre Herden. Das Jesuskind zerstreute jedoch ihre Befürchtungen, gab ihnen den „Hältersegen“ und sagte ihnen, auch das Brot sei in Ordnung. Als sie heimkamen, schmeckte das Brot besser als je. Seither wird zu Weihnachten das Störibrot gebacken.

Verzehrt wurde das Störibrot am Stephanitag, wenn die verheirateten Kinder ihre Eltern besuchten und gemeinsam das „Störianschneiden“ begangen wurde. Nach altem Brauch konnte derjenige auf große Kraft und Glück im neuen Jahr hoffen, dem es gelang, von neun verschiedenen Höfen ein „Störischerzl" geschenkt zu bekommen. Um die „neunerlei Scherzl" zusammenzubringen, zogen am Stephanitag Gruppen von jungen Männern, meist verkleidet und rußgeschwärzt, durch das Dorf und fragten bei den Mägden nach dem „Störilaib", den diese von ihren Bauern als Weihnachtsgeschenk erhalten hatten. Es galt als Zeichen besonderer Gunst, wenn ein Mädchen seinen „Störilaib" für einen Burschen zum Anschneiden aufbehielt. Nicht selten spielte man dem Verehrer auch einen Streich, indem man in das Störibrot Draht oder andere sperrige Dinge einbackte – wenn der Bursch mit seinem scharfen Taschenfeitel am Durchschneiden des Störilaibs scheiterte, war die Schadenfreude bei den Kameraden groß ...

Weihnachtseinkäufe am Christkindlmarkt. Kolorierter Holzstich nach einer Zeichnung von Wilhelm Gause, 1894.

Am Christkindlmarkt

Weit zurück in die Vergangenheit weisen die Spuren der Christkindlmärkte, die vor allem die Herzen der Kinder höher schlagen lassen. Der geschäftige Budenmarkt im Advent, bis heute ein kulinarisch-wärmender Lichtblick an schneeverhangenen Dezembertagen, ist die Konstante der Weihnachtslandschaften österreichischer Städte: Ob man nun das Hochfest der Geburt Christi mit oder ohne Christbaum feierte, ein Krippenspiel besuchte oder in die Christmette ging – ein Spaziergang zwischen den mit Herrlichkeiten aller Art überladenen Standeln gehörte und gehört einfach dazu.

Blicken wir auf den Christkindlmarkt in Wien: Wenn man so will, stammt die Basis für die Existenz des „Krippenmarkts", wie man ihn im alten Wien nannte, noch aus dem fernen Mittelalter. Die im Stadtrecht König Albrechts I. 1296 erteilten Jahrmarktrechte räumten der Stadt das Privileg ein, Jahrmärkte abzuhalten – allerdings: Die aus mittelalterlichen Quellen bekannten Wiener Märkte hatten mit Weihnachten nichts zu tun. Der erste konkrete Hinweis auf den Christkindlmarkt stammt vielmehr erst aus dem Jahre 1601: In der Rechnung des Unterkammeramtes – in seiner administrativen Funktion mit dem heutigen „Bauamt" vergleichbar – aus diesem Jahr wird von einer Einnahme gesprochen, die auf dem „stantgelt von den pecklhern, letzelter und zuckherpacher hütten" beruhe; 1620 werden dem Unterkammeramt dann Aufwendungen für das Zerlegen dieser Hütten in Rechnung gestellt. Das ganze 17. und 18. Jahrhundert hindurch lässt sich so anhand nüchterner Akten die Spur des Wiener „Weihnachtsmarkts" verfolgen; Standorte waren bis 1761 der Graben und die Brandstatt – „Dieser Marckt ist gänzlichen cassiert worden", hieß es in der Sprache des Unterkammeramts –, dann ab 1772 die Freyung. Hintergrund dieser Translokation war der Wunsch der Stadtverwaltung, den Graben verkehrstechnisch zu entlasten – damit war man gezwungen, die zahlreichen Buden und Standeln aufzulassen.

Von entscheidender Bedeutung für die weitere Entwicklung des Christkindlmarkts wurden nun zwei Faktoren: die allmähliche Verlagerung der bürgerlichen Schenkaktivitäten vom Nikolaustag auf den Heiligen Abend („Christabend") und – verbunden mit dem ökonomischen Aufstieg des Bürgertums – die Intensivierung des weihnachtlichen Geschenktransfers. Die Nachfrage nach entsprechenden Geschenkartikeln im Advent stieg, vor allem Spielsachen wurden nun auch verstärkt an den Marktständen angeboten, Schwerpunkt blieben aber vorerst noch die Krippen und Krippenspiele. In seiner Bildergalerie katholischer Missbräuche gibt Joseph Richter einen Eindruck von diesem geschäftigen Treiben auf dem alten Christkindlmarkt: „Die Gassen wimmeln von Ständchen. Nüsse und Äpfel, die schon Makulatur sind, werden hier für kurante Ware verkauft. Dort stehen Krippen, Christkindchen, Hanswürste und Pantalone nebeneinander, gleich neben ihnen eine Herde von kleinen Ochs- und Eselein, die die Großen ihren Kindern nach Hause bringen."

Der als „Nikolo- und Weihnachtsmarkt" firmierende Markt auf der Freyung hatte bis 1842 Bestand – immerhin erlebte er noch den großen Wandel im Weihnachtsbrauchtum, den Wechsel von der Krippe zu Christbaum und „Baumfest", der nicht zuletzt auch das Gesicht der Marktgassen völlig veränderte: Tannengrün und bunter Christbaumschmuck begannen zu dominieren. Mit einer Magistratsverordnung vom 22. August 1843 wurde der Christkindlmarkt dann auf den Platz Am Hof verlegt; Grund dafür waren Beschwerden von Seiten der adeligen Anrainer gewesen: Sie wollten die lästigen Buden nicht länger vor den Toren ihrer Palais haben, dazu kam, dass diese auch hier verkehrsbehindernd waren. Leidtragende der neuen Regelung waren die schon seit langem Am Hof stationierten Lust- und Ziergärtner, sie mussten nun auf den Tiefen Graben ausweichen; mit den Fiakern, die hier einen großen Standplatz hatten, wusste man sich zu arrangieren.

Der Christkindlmarkt Am Hof florierte ausgezeichnet, und die Zahl der Stände erhöhte sich rasch: Waren es auf der Freyung durchschnittlich 108 gewesen, so stieg nun ihre Zahl auf 132. Auch die relativ hohe Platzgebühr von 192 Gulden (1842) schreckte wohl niemanden ab, im Gegenteil: Ein Standl am Christkindlmarkt – geöffnet war vom 5. Dezember bis Neujahr –, und das Weihnachtsgeschäft war gesichert! Auch für die Besucher der habsburgischen Metropole blieb der Christkindlmarkt eine besondere Attraktion – so meinte etwa der bekannte französische Reisende Victor Tissot, der sich im Winter 1877/78 in Wien aufhielt und seine Eindrücke in dem sehr erfolgreichen Buch *Vienne et la vie viennoise* veröffentlichte, dass ihn die stattliche Versammlung von Tannenbäumen am Christkindlmarkt an eine von Gustave Doré gezeichnete Landschaft im Schwarzwald erinnere.

Die Tatsache, dass allmählich Wiener „Detaillisten", also Kaufleute, die in der Stadt auch über andere Geschäftslokale verfügten, die sogenannten „Provinzialisten", Anbieter vom Land, von den Märkten der Stadt verdrängten, führte schließlich 1872 zur Aufhebung der Jahrmärkte, einzig der Christkindlmarkt Am Hof durfte weiterhin veranstaltet werden – und dies bis über das Ende der Monarchie hinaus: 1923 wurde der Christkindlmarkt wieder auf der Freyung abgehalten, 1924–1928 baute man die Hütten rund um den Stephansdom auf, nach einigen weiteren Zwischenstationen fand der Christkindlmarkt schließlich 1975 vor dem Rathaus eine neue stimmungsvolle Heimstätte.

Josef Leitgeb

Am Thomasmarkt in Salzburg

Der aus Bischofshofen stammende Dichter Josef Leitgeb (1897–1952), Hauptschullehrer in Innsbruck und nach dem Zweiten Weltkrieg Stadtschulinspektor in der Tiroler Kapitale, setzte in seiner Autobiografie *Das unversehrte Jahr* dem traditionellen Thomasmarkt in Salzburg ein berührendes Denkmal.

So kam es auch, daß wir uns mehr als früher in der Stadt herumtrieben, und was hätte uns stärker verlocken können als die Märkte, die in die Stille des Dezembers Leben brachten? Knapp vor Weihnachten hielt man auf dem Platz vor der Johanneskirche den Thomasmarkt ab. Sein ländliches Treiben war vom Gequietsche der Schweine und Schweinchen begleitet und gemahnte auch im tiefsten Winter daran, daß die Stadt noch mitten im Bauernlande lag. Den ganzen Innrain hinauf roch es wie auf einem Waldschlag: an Seilen, die man zwischen den Alleebäumen gespannt hatte, lehnten Tausende von jungen Tannen; Äste wurden herausgesägt und an schütteren Stellen wieder eingesetzt, Kränze gewunden und täglich kamen neue Fuhren mit Christbäumen.

Nach vier Uhr flammten bereits die Lampen auf und entrückten die funkelnden Herrlichkeiten hinter den Auslagescheiben ins Unerreichbare. Aber es war schon ein echtes Glück, ins Geglitzer zu starren und die Wünsche wählen zu lassen, was immer sie freute; unsere Augen brauchten kein Geld, sie besaßen das Heißbegehrte inständiger als die Erwachsenen, die es bloß kauften.

Wunderbarer noch waren die Nachmittage, an denen die Mutter das Zeltenzeug herrichtete und die Vorbereitungen für das Weihnachtsgebäck traf. Jeden Schritt aus der Küche empfand man als Versäumnis, wir gingen ihr nicht von der Schürze, bis nicht das erste Blech voll aus dem Backrohr kam. Dann war es am schönsten, wenn es draußen schneite, der Zeiger der Uhr sich gutmütig Zeit ließ, vom Ofen daunenweiche Wärme herzog und auf dem Tisch die riesige Schüssel stand, in der nun alles Gute sich häufte: halbierte Nüsse und Mandeln, zerstückelte Kranzfeigen und Zwetschken, verzuckerte Orangenschalen, Pignoli und Haselnüsse. Das gab ein weithin duftendes Gemisch, dem die Mutter zur Würze noch zwei, drei Löffel Jamaikarum beimengte. Den Grundstock aber bildeten die aufgewiegten Kloatzen, wie die gedörrten Birnen hießen. Das Gemengsel blieb über Nacht zugedeckt stehen, damit sich alles gegenseitig durchfeuchte und durchdufte; dann wurde es in den roggenen Zeltenteig geknetet, mit Frauenklee und Koriander gewürzt, zu Wecken geformt und gebacken. Bei der Größe der Verwandtschaft musste in gewaltigem Maßstab angetragen werden; die neue Mutter, gewohnt, ohne Spur von Geiz aus dem Vollen zu wirtschaften, war hier ganz in ihrem Element. Es kam ihr auch nicht darauf an, wenn wir beim Helfen mitunter die Schlüssel verfehlten und in den eigenen Mund gerieten. Sie überließ es gern unserem Schmucksinn, mit geschälten Mandeln die Wecken zu bekreuzen, auch wenn es sie den einen und andern der teuern Kerne kostete. In großen Stößen häufte sich in diesen Tagen das goldbraune Gebäck; hier war es unser Vorrecht, die auf das Backblech gereihten Hörnchen, Sterne, Ringe und Blättchen mit Eigelb zu bepinseln und mit einer Nußhälfte zu zieren. Bei all dieser weihnachtlichen Tätigkeit floß das Gespräch ohne Stocken, und wenn auch die Mutter des Vaters wegen oft arg bekümmert war, bei der Arbeit vergaß sie sich immer wieder, lachte und scherzte, ließ ihre saftigen Sprüche spielen und wir spürten aus ihrer ganzen Art, wie gern sie uns mochte, aus heimlichen Zeichen manchmal, wie stolz sie auf uns war.

Die Krone aller festlichen Vorbereitungen aber war nicht das Schmücken des Christbaums, der bei uns immer ein bißchen schludrig ausfiel, sondern das Aufstellen der Krippe. Auf dem Dachboden stand die große Kiste mit den Figuren und neben ihr war der zerlegte Berg aufgeschichtet, der, zusammengefügt, die ganze Länge unserer Studierkammer einnahm. Er war ein Werk Vetter Pauls, und da dieser wohl gelernt hatte, Tisch und Stuhl zurechtzuschreinern, zum Kunsthandwerk aber nicht die geschickteste Hand besaß, fand die Mutter jedes Jahr bei der Aufstellung des Berges Anlaß, über das vierschrötige Ungetüm zu brummeln, das mit seinen grauleinenen Felsabstürzen, der sandbeleimten, überaus nüchternen Straße, die zum Stall herabführte, und den ungefügen Häuserklötzen von Bethlehem mehr dem hilflosen Inventar einer Dorfbühne als der heiligen Landschaft glich, wie sie bei anderen Krippen oft auf das kunstvollste dargestellt war. Auch der gemalte Hintergrund, von einem versoffenen Anstreicher und Lackierer lieblos hingepinselt, kostete die Mutter jedes Mal einige Seufzer der Enttäuschung und sie nahm sich zu allen Weihnachten vor, Berg und Landschaft neu zu bestellen, unterließ es aber dann doch, weil sie das Geld reute.

Dafür gab es weitum keine schöneren Figuren als die ihren. Jedes Jahr kamen Kunstverständige – manche von weit her – zu Besuch, um das köstliche Werk zu bewundern. Sie boten oft hohe Summen, hätten sich auch mit einzelnen Stücken zufrieden gegeben, stießen aber bei der Mutter auf unüberwindlichen Widerstand. Sie hing mit dem ganzen Herzen an dem Erbstück, hörte mit Stolz zu, wenn einer das Alter des Kunstwerkes auf zweihundert Jahre schätzte und davon sprach, daß es italienische Meister waren, die da jeden einzelnen Kopf aus Wachs modelliert, Hände und Füße aus Holz geschnitzt und mit lebenstreuen Farben bemalt hatten. Die Kleidung der Engel, der heiligen Drei Könige und ihres Gefolges zeigte in handgearbeiteter Gold- und Silberstickerei barocken Prunk, Kamele und Pferde waren kostbar gesattelt und gezäumt, das Tirolerische aber kam in den Trachten der Hirten, Jäger und Fuhrleute zur Geltung, so daß sich die himmlischen und morgenländischen Herrschaften unter dem heimisch gekleideten Bergvolk wirklich als jenseitige und märchenhafte Erscheinungen ausnahmen. Da die Figuren wie Puppen gearbeitet waren, konnte man ihre Stellung verändern; so saßen die heiligen Drei Könige am Weihnachtsabend noch auf ihren Pferden; das Gefolge paarweis reitend hinter sich, zogen sie die Bergstraße herab, vom geschweiften Stern gewiesen, der über dem Stalle stehn geblieben war. Am Dreikönigstag aber knieten sie vor der Krippe und deuteten darbringend auf die schwerbeschlagenen Kisten, in deren einer sich wahrhaftig einige Blättchen dünnsten Goldes fanden. Dem Zug des Gefolges auf seinen Kamelen wankte ein hochbeladener Botenwagen nach, wie wir sie damals noch die Brennerstraße hinauf- und herunterfahren sahen; drei Paar Pferde waren ihm vorgespannt, auf dem Handpferd ritt der Fuhrmann in blauem Kittel und lederner Kniehose. Droben im Gebirge lag der Bauernhof, die Leute waren es offenbar gewohnt, königliche Karawanen vorbeiziehn zu sehen, sie ließen sich in ihrer Arbeit nicht stören: die Dirn butterte, der Knecht trieb das Vieh zur Tränke, die Bäurin fütterte die Hühner; aus dem Brunnen schoß das Wasser in einem glitzernden Staniolfaden. Auf dem Hügel aber, auf dem die Schafe lagerten, hatte das Wunder der Nacht wie ein Blitz eingeschlagen: da standen die Hirten vor Schreck gelähmt, die Gesichter zum Engel emporgerissen, der ihnen das Unbegreifliche verkündete.

So war das ferne Geschehnis mitten in unser Land verlegt, erhielt vertrautes Leben von ihm und sprach die Gemüter mächtig an. Am heiligen Abend krochen wir hinter den grünen Vorhang, der die Schragen verdeckte, auf denen die Krippe stand, und zogen die kleine Spieluhr auf – klar und metallen, von perlenden Terzenläufen durchwirkt, erklang das *Stille Nacht, heiligt Nacht*, als käme es aus spurlos verschollener Zeit.

Frances Trollope

Advent in Wien

Mit den Augen einer welterfahrenen Frau durchstreift Frances Trollope im Dezember 1836 die vorweihnachtliche Residenzstadt, sie besucht Marktstände und studiert das Angebot in den vornehm-eleganten Luxusläden – die weit gereiste Britin, Tochter eines Vikars und geboren in Stapleton bei Bristol, stellt dem „Einkaufsplatz" Wien ein überraschend gutes Zeugnis aus. Ihr Bericht bestätigt auch, dass gut zwei Jahrzehnte nach den ersten Christbäumen in der Stadt diese nunmehr aus dem Straßenbild nicht mehr wegzudenken sind.

Seit einigen Tagen herrscht in der ganzen Stadt ein mehr als reges Treiben, das den Vorbereitungen zum Weihnachtsfeste gilt. Die Kaufleute wetteifern untereinander, welcher von ihnen die lockendste Auswahl erlesener Dinge in ihren verschiedenen Läden auszustellen vermag. Obwohl London und Paris ausgedehnter sind und dadurch auch größere Geschäfte, sogar Ausstellungssäle zur Verfügung stehen, vermögen sie doch nichts Besseres und Schöneres zu bieten, als man hier zu sehen bekommt.

In den wichtigen Artikeln, wie Shawls, Spitzen, Seidenstoffen, Atlas und anderem mehr, ist es kaum möglich, daß sie irgendwo übertroffen werden könnten. Die Gold- und Silberschmiede und die Juweliere überbieten mit ihren kostbaren Kollektionen sicher die von Frankreich und England, mit Ausnahme vielleicht der unzugänglichsten Geheimschätze von Rundel und Bridges oder Hamlets in London. Das geschliffene Glas in den Auslagen ist über alle Vorstellung zart und schön. Man glaubt sich fast im Bannkreise eines Zauberers, so strahlend, so geschmackvoll und phantastisch in Gestalt und Farbe sind die Schöpfungen der böhmischen Glasfabriken.

Die Fenster der Zuckerbäcker prangen hier allerdings nicht mit majestätisch aufgeschichteten und prächtig verzierten Christmas-Cakes wie bei uns. Statt dessen gibt es aufgereiht Bonbonnieren aller Art, welche die Augen blenden, denn es flimmert und funkelt wie in Grotten mit tausend Kristallen. Die Kunst, in Zucker zu arbeiten, wird nirgends, selbst nicht in Paris, mit größerer Vollkommenheit beherrscht als hier. So kann

man alle Früchte der Erde unabhängig von der Jahreszeit genießen und hat es doch nur mit Zuckerpflaumen zu tun. Diese Leckereien sehen auch äußerst lieblich aus. Indessen wäre ich eine Wiener Hausfrau, so würde ich nie diese pyramidenförmig belegten Tabletts unter meinen Gästen herumreichen lassen. Jedes dieser Bonbons ist zierlich in Papier gewickelt, damit es zum Munde geführt werden kann, ohne die Handschuhe zu beflecken. Die Folge aber davon ist, daß die Teppiche im Gesellschaftszimmer darunter unvermeidlich leiden, denn es ist nicht ungewöhlich, den Boden nach einigen Runden solcher Stärkungen mit diesen Zuckerpapierchen bestreut zu sehen.
Diese besonderen Vorbereitungen zum Feiern sind aber keineswegs nur auf die wohlhabenderen Klassen beschränkt. An jeder Straßenecke sieht man Frauen aus den niedrigen Ständen um Christbäume feilschen, die mit buntem Papier herausgeputzt sind. Diese Bäume werden in jeder Größe und für jeden Preis fast von jeder Familie in Wien, die noch Kinder hat, gekauft. Auch ist diese Sitte keineswegs der Hauptstadt eigentümlich; wie man mir sagt, gibt es keine Hütte in Österreich, die nicht etwas der Art hat, um diese freudenreiche Zeit zu feiern. Der Baum heißt der ‚Baum des Jesukindes', und an den Zweigen hängen allerlei niedliche Spielsachen, Bijous und Bonbons, welche unter die beim Feste Anwesenden verteilt werden. An den Bäumen, die auf der Straße verkauft werden, wird der Platz kostbarer Geschenke mit Äpfeln, Rosinen, Kastanien oder Pfefferkuchen behangen; alle aber sehen mit ihrem bunten Papierschmucke gefällig und feiertagsmäßig aus. Ich habe in dem Antlitze mancher armen Frau, welche zwischen Zweigen, die mit rotem, und anderen, die mit blauem Papier geschmückt waren, schwankte, genau ebensoviel Freude gesehen, wie sie nur die reichste Dame empfinden konnte, während sie die elegantesten und kostbarsten Geschenke für ihre Verwandten und Freunde aussuchte.

Die kurze Vergangenheit des Christbaums

Bis zum Beginn des 19. Jahrhunderts war Weihnachten ein Fest, das der gläubige Christ in der Kirche feierte – mit dem Besuch der Christmette dokumentierte er seine Verbundenheit mit dem Mysterium der Menschwerdung Jesu Christi. Wohl ging der Mette ein gemütliches Beisammensein im Kreise der Familie, in Wien das „Sabbathindl" genannt, voraus, und wohl frönte man – je nach gesellschaftlichem Stand – vor und nach dem Kirchenbesuch kulinarischen Freuden – man denke etwa an das „heilige Mahl" der Tiroler Bauern. Doch das war nicht Weihnachten, wie wir es heute kennen: Der Höhepunkt war ein individuelles religiöses Erlebnis, die Teilnahme an der Heiligen Messe, das Sich-Hingeben an die frohe Botschaft des Weihnachtsevangeliums. Man feierte in der Gemeinschaft aller Gläubigen, nicht in der Familie. Unbekannt war jene spezifische „Weihnachtsstimmung", die heute Jahr für Jahr medial hartnäckig reproduziert wird und gedankenlos Frieden und Freude und Fröhlichkeit suggeriert, jener schizophren anmutende gefühlsselige Diskurs, der von weihnachtlicher Harmonie spricht, wo doch nur Vergessen und Verdrängen gemeint sein können. Und vor allem: Weihnachten war kein Fest der Kinder.

Die Säkularisierung des Weihnachtsfestes, sein „Wandel vom religiösen Kirchenfest zum profanen Familienfest" (Doris Foitzik), ging nun auch in Österreich Hand in Hand mit dem rasanten Aufstieg des Bürgertums; sich herauskristallisierende neue gesellschaftliche Strukturen – entstehend durch zunehmende Industrialisierung sowie durch das enorme Anwachsen von Berufsgruppen wie jener der Beamten und Lehrer – prägten veränderte „weihnachtliche Verhaltensmuster" (Ingeborg Weber-Kellermann). Zum Symbol dieser tiefgreifenden Veränderung des Weihnachtsrituals wurde der Christbaum, der zuerst in der habsburgischen Metropole Wien Fuß fasste. Die allgemein geläufige Formulierung, dass er eines schönen Tages in Wien „eingeführt" wurde, entspricht nicht exakt den Tatsachen: Man nahm den Christbaum in

Wien vielmehr aktiv an, fügte er sich doch punktgenau in das „Anforderungsprofil" einer gesellschaftlichen Schicht, die – politisch noch ohnmächtig – alle neben der Erwerbstätigkeit verbleibende Kraft in das Wohl der Familie und vor allem in deren Reproduktionsfähigkeit investierte: Die Ideen der Aufklärung waren schließlich auch in Wien auf fruchtbaren Boden gefallen; man hatte den Wert von Erziehung bzw. Bildung für das Halten neu errungener Positionen erkannt und tat alles, um den Kindern weiterhin entsprechend gute Chancen zu vermitteln. Weihnachten wurde daher zum Fest, an dem man die Seilschaft mit den Kindern für den Wettbewerb „draußen" durch Geschenke besiegelte. Man verstärkte die Position des Christkinds, des „anonymen Gabenbringers" (Ingeborg Weber-Kellermann), was zwar nichts mit kirchlichen Lehrmeinungen zu tun hatte, aber dafür um sobesser zu einem Weihnachtsritual passte, das die Bescherung der Kinder ins Zentrum rückte – Tannengrün und brennende Kerzen ergaben dafür ein unwiderstehliches Ambiente. Den theologisch-philosophischen Rückhalt für das neue Weihnachtsfest lieferte eine kleine Schrift von Friedrich Schleiermacher, die 1806 unter dem Titel *Die Weihnachtsfeier* erschienen war und bei den Zeitgenossen – auch in Kreisen der Wiener Intelligenz – auf allgemeine Zustimmung stieß. Das Revolutionäre im Konzept Schleiermachers: Feste wie Weihnachten erhielten von ihm eine Schlüsselfunktion im neuen christlichen Frömmigkeitsbewusstsein zugewiesen, das sich nicht mehr auf Dogmen und fragwürdige historische Fakten zur Geschichte Jesu stützte, sondern das gefühlsbetonte gegenwärtige Erlebnis Gottes suchte. Und nicht in den Kirchen wäre dieses zu finden, sondern in der Familie, im Kreise von Frau und Kindern, in fröhlicher Geselligkeit – „weihnachtliche Frömmigkeit" und „bürgerliche Häuslichkeit" (Dieter Schellong) gingen damit jene unverrückbare Allianz ein, die bis heute unser Verständnis von Weihnachten bestimmt.

Die Weihnachtsparty bei den Arnsteins

Christbaum und Christkind wurden zu Symbolen des neuen Weihnachtsbrauchtums, doch sie waren nicht das Entscheidende – „revolutionär" war vielmehr die Art und Weise, wie das Fest am Heiligen Abend inszeniert wurde. Tannenbaum und Kerzenschmuck waren schon in josephinischer Zeit nicht unbekannt, allerdings pflegte man den „grünen Baum, mit brennenden Kerzen bestekket, auf welchem etwelche Pfunde candirtes Zuckerbacht glänzen" (Hägard, 1782) bereits zum Fest des heiligen Nikolaus aufzustellen; als „Nikolobäumchen" war diese Form vorweihnachtlichen Baumschmucks bis in die Biedermeierzeit üblich – im nüchternen Jargon der Volkskunde: Es gab so etwas wie eine „Altverbreitung des Christbaums in Ost-

Weihnachtsfest bei einer adeligen Familie: Federlithographie, erschienen im Verlag Trentsensky, um 1833/34. Das Blatt trug die bezeichnenden Verse: „Wie doch der Kleine den Christbaum liebt./Wohl dem, der hat; der hat, der gibt.“

österreich". Und im protestantischen Norden war der Lichterbaum gut bekannt; Goethe erwähnt ihn in seinem *Werther* und Lieselotte von der Pfalz berichtet schon 1708 von einem Buchsbäumchen mit Kerzen: „Ich weiß nicht, ob ihr ein anderes Spiel habt, das jetzt noch in ganz Deutschland üblich ist; man nennt es Christkindel. Da richtet man Tische wie Altäre her und stattet sie für jedes Kind mit allerlei Dingen aus, wie neue Kleider, Silberzeug, Puppen, Zuckerwerk und alles Mögliche. Auf diese Tische stellt man Buchsbäume und befestigt an jedem Zweig ein Kerzchen; das sieht allerliebst aus und ich möchte es heutzutage noch gern sehen. Ich erinnere mich, wie man mir zu Hannover das Christkindel zum letzten Mal [1662] kommen ließ."

Radikal neu war jedoch nun die Verbindung des alten weihnachtlichen Festzeichens mit einem Schenkritual, das eine bisher unbekannte Spielregel vorgab: Die Geschenke wurden vom anonymen Gabenbringer – in Wien im Allgemeinem wohl vom „Christkind" – um den Christbaum angeordnet, die Kerzen wurden angezündet, und erst dann rief man die Kinder zur „Bescherung". Im magischen Schein des Lichterbaums, in jenem wunderbaren, unvergesslichen Moment, in dem die Bescherten das Geschenkarrangement erblickten, gewannen die Präsente neue Qualität, sie wurden gleichsam umstrahlt von der Aura des Numinosen und stellten dadurch etwas Besonderes, Einzigartiges dar. Die „Erhöhung" der an sich profanen Geschenke im Zeichen des Christbaums – das war genau jene weihnachtliche „Erfolgsformel", die der aufstrebenden bürgerlichen Gesellschaft zupass kam. Man hatte einen Weg gefunden, „modern" zu schenken, ohne das Klimbim der Nikolauskomödie und ohne Limits – geschenkt wurden nicht mehr Äpfel, Dörrzwetschken und Nüsse, sondern alles, was nützlich, lehrreich, sinnvoll und erbauend war. „Sinnlos" freilich waren die alten Brauchtumsgeschenke geworden, obsoleter Dekor, der nur mehr aus Traditionsbewusstsein beibehalten wurde oder überhaupt verloren ging. Die Entwicklung hin zu einer immer stärkeren Kommerzialisierung der weihnachtlichen Warenproduktion war damit unwiderruflich eingeleitet.

Vor diesem Hintergrund muss auch die klassische Frage nach dem allerersten Christbaum in Österreich etwas modifiziert werden – sie muss lauten: Wann und wo gab es die ersten „Weihnachtspartys" (Helmut Paul Fielhauer) neuen Stils, die Christbaum und Bescherung in unkonventioneller Weise in den Mittelpunkt rückten? Der berühmte Bericht der Metternichschen Polizeispitzel über die Weihnachtsfeier der Fanny von Arnstein in ihrem Mietpalais am Hohen Markt 1 vom 24. Dezember 1814 spiegelt die Bedeutung dieser veränderten Fragestellung wider: Nicht der Christbaum, sondern die „merkwürdige" Inszenierung des Fests wurde mit großem Misstrauen bedacht, im Polizeibericht hieß es dazu: „Bei Arnstein war vorgestern nach berliner Sitte ein sehr zahlreiches Weihbaum- oder Christbaumfest. Es waren dort Staatskanzler Hardenberg, die Staats-Räthe Jordan und Hoffmann, Fürst Radziwill, Herr Bartholdy, alle getauften und beschnittenen Anverwandten des Hauses. Alle gebetenen eingeladenen Personen erhielten Geschenke oder Souvenirs vom Christbaum. Es wurden nach berliner Sitte komische Lieder gesungen; Frau von Münch sang Lieder vom Kasperle: Es wurde durch alle Zimmer ein Umgang gehalten mit den zugetheilten, vom Weihnachtsbaum abgenommenen Gegenständen. Fürst Hardenberg amüsierte sich unendlich; Herr von Humboldt war nicht dabei" – zweifellos musste dem gelernten Wiener, der da inkognito unter den Gästen weilte, dieses ungewöhnliche Heilige-Abend-Programm sehr seltsam vorkommen, wenngleich man mit dem Hinweis auf die „berliner Sitte" einen Gutteil davon als Exaltiertheiten der preußisch-jüdisch-protestantischen Gäste erklären konnte. Aufgabe der Polizei war es ja auch nicht gewesen, das Wesen des „Christbaumfests" auszuforschen, sondern Tun und Lassen der preußischen Delegierten am Wiener Kongress zu überwachen, in erster Linie natürlich die diplomatischen Unternehmungen des Fürsten Hardenberg. Darüber hinaus war der Salon Fannys allein schon dadurch verdächtig, dass er seit Jahren der Treffpunkt der preußischen Intelligenz in Wien war – für Wilhelm von Humboldt und die Brüder Schlegel ebenso wie für Karl von Savigny, Rahel Levin-Varnhagen oder Clemens Brentano. Für sie alle, die da aus dem Norden nach Wien kamen, war das Haus Arnstein die Attraktion der Stadt, das „Kunst-rendez-vous" schlechthin.

Die Tatsache eines „Christbaumfests" wird im Bericht des Polizeispitzels nun so beiläufig und unkommentiert erwähnt, daß daraus wohl nur ein Schluss gezogen werden kann: Diese seltsamen „Partys" nach „berliner Sitte" gab es – zumindest im Hause Arnstein – schon länger, und sie waren auch den Wienern nichts Fremdes; die vielfach kolportierte Geschichte vom „ersten Christbaum" bei Arnsteins 1814 stimmt daher vermutlich nicht – die tatsächliche Premiere des Christbaums in dieser Familie wird man wahrscheinlich einige Jahre früher ansetzen müssen! Was fehlt, ist allerdings ein verlässlicher Hinweis in den Quellen darauf: Der Salon Fannys war berühmt, hier verkehrten die glänzendsten Geister der Zeit, das Geschehen im Haus der charmanten und klugen Philanthropin blieb nicht verborgen – allein, nicht immer gab es von Seiten der Geheimpolizei ein Interesse, die verschlungenen Wege des Weihnachtsbrauchtums zu überwachen …

Die Wahrscheinlichkeit, dass Fanny von Arnsteins Christbaum aus dem Jahre 1814 nicht „der erste" war, ist hoch und erhöht sich in der sorgfältigen Zusammenschau weiterer Quellen. Vergegenwärtigen wir uns kurz das politisch-gesellschaftliche Umfeld dieser Entwicklung: Noch während der Kriege gegen Napoleon Bonaparte hatte Wien als Hauptstadt eines unabhängigen „deutschen" Staates an Attraktivität für Künstler

Gefühlsbetonte Frömmigkeit: das populäre neue Bild von Weihnachten. Illustration von Ludwig Richter, in: „Das deutsche Weihnachtsfest", herausgegeben von Karl Lustig, 1922.

und Intellektuelle aus Nord- und Westdeutschland gewonnen – unter anderem etwa für die bereits erwähnten Brüder Friedrich und August Wilhelm Schlegel, deren Wiener Literaturvorlesungen des Jahres 1808 grundlegend für die Theoriebildung der deutschen Romantik wurden. Dies änderte sich auch nicht, als Napoleon 1813/14 im dramatischen Ringen mit den alliierten Mächten unterlag und ins Exil nach Elba gehen musste: Die Neuordnung Europas nach über zwei Jahrzehnten blutiger Kriege ging in Wien vonstatten; der Wiener Kongress wurde zum Mittelpunkt der europäischen Diplomatie, im Tauziehen um den „Kuchen" der Sieger maßen die besten Köpfe ihre Kräfte. Staatskanzler Metternich, der „Kutscher Europas", hielt dabei die Zügel energisch fest in der Hand, unter seiner Führung entstand die „Heilige Allianz", jener Bund der Siegermächte Österreich, Preußen und Russland, der Restauration an seine Fahnen heftete und damit zwangsläufig scheiterte: Der inzwischen bereits fortgeschrittene Prozess der „Verbürgerlichung" war nicht mehr aufzuhalten – in Wien trugen gerade die zugewanderten bürgerlichen Oberschichtfamilien aus Preußen und anderen deutschen Staaten wesentlich zu dieser Entwicklung bei, indem sie dem austrozentrisch-josephinischen Weltbild der Wiener Elite bürgerlich-(deutsch)national-idealistisches Gedankengut entgegensetzten. Im Zusammenhang mit Weihnachten heißt das: Der Verbreitung des Christbaums kam im Rahmen der „Verbürgerlichung" der Wiener Gesellschaft eine ausgeprägte Indikatorfunktion zu. Die bürgerlich-„moderne" protestantische Festgestaltung, beeinflusst durch die neue Theologie Friedrich Schleiermachers, setzte sich gegen den konservativen katholischen Ritus durch, wobei die entscheidenden Impulse von „zugereisten" jüdischen und protestantische Familien gesetzt wurden. Zum zentralen Symbol der neuen Festkultur wurde der Christbaum, im Glanz des Lichterbaums setzte ein tiefgreifender Wandel im „Inhalt" des Festes ein: Der Heilige Abend wurde zur „häuslichen Gemütsfeier" (Dieter Schellong) der bürgerlichen Familie, die Glaubensinhalte des Kirchenfests – der eigentliche Anlass – traten zunehmend in den Hintergrund.

Noch mehr „erste" Christbäume …

Eine Schlüsselrolle bei der Einführung des Christbaums in Österreich wird im Allgemeinen Henriette von Nassau-Weilburg (1797–1829), der jungen Frau Erzherzog Carls, des Siegers von Aspern, zugesprochen. Die „schöne Protestantin" hatte es in harter Auseinandersetzung mit dem Wiener Hof durchgesetzt, dass sie auch nach der Hochzeit ihrem Glaubensbekenntnis treu bleiben durfte – nach diesem Sieg über die strenge habsburgische Familienraison ließ sie es sich auch nicht nehmen, das Weihnachtsfest des Jahres 1816 im

erzherzoglichen Palais auf der Seilerstätte 30 so zu begehen, wie sie es aus ihrer Heimat kannte: mit einem festlich geschmückten Christbaum. Die Überlieferung berichtet, dass Henriette ihre Überraschung in aller Heimlichkeit vorbereitete und dafür sogar den passenden weihnachtlichen Schmuck aus dem heimatlichen Weilburg an der Lahn kommen hätte lassen – wie auch immer: Die Christbaum-Premiere wurde zu einem großen Erfolg; Schwager Kaiser Franz I. und seine Familie, traditionellerweise am Heiligen Abend als Gäste geladen, waren vom Anblick des strahlenden Lichterbaums tief beeindruckt, angeblich gab der Monarch sogar die Anweisung, auch in der Hofburg einen Christbaum aufzustellen.
Doch es gab auch kritische Geister in der kaiserlichen Familie, die diese „Revolution" des Weihnachtsfestes, noch dazu initiiert von einer Protesetantin, nicht guthießen – allen voran Erzherzog Johann, dem ein scharfer Blick für gesellschaftliche Entwicklungen eigen war und der nur allzu deutlich die Problematik der neuen Mode erkannte: den allmählichen Verlust religiöser Inhalte, die Gefahr eines Abrutschens in immer exzessivere Geschenkorgien. Da er den Winter meist in Wien verbrachte, wurde er von seinem Bruder Erzherzog Carl zur Weihnachtsfeier am Heiligen Abend des Jahres 1823 in die Räumlichkeiten der Albertina eingeladen; in seinem Tagebuch notierte er über dieses wie immer von Henriette vorbereitete Fest: „(...) Abends ging ich mit Bruder Ludwig zu Bruder Carl. Da es Heiliger Abend ist, so waren alle Kinder vereinigt und was von uns da ist versammelt. Obgleich ich einige Freude hatte, alle die Kleinen, welche die Hoffnung des Hauses ausmachen, zu sehen, so verstimmte mich gleich die große Hitze durch die vielen Lichter. In früherer Zeit, als ich klein war, gab es ein Kripperl, welches beleuchtet war, dabei Zuckerwerk – sonst aber nichts. Nun ist kein Kripperl mehr! Wir sahen einen Graßbaum mit vielem Zuckerwerk und Lichteln und ein ganzes Zimmer voll Spielereien aller Art und wahrlich manches sehr Schönes und Vieles, welches in wenigen Wochen zerschlagen, zertreten, verschleppt sein wird und welches gewiß tausend Gulden gekostet. So war das Bett für die Puppen allein, welches 400 fl. Münze soll gekostet haben. Dies verstimmte mich noch mehr. (...) Endlich als wir in das Zimmer meiner Schwägerin gingen und ich Zimmer an Zimmer durchging, keinen Fleck im Hause mehr fand, wie ich es gekannt, alles von einer Pracht mit einem solchen Aufwand gemacht sah, da wurde es mir fremd, ich fand mich so einsam und keinen frohen Blicks konnte ich mehr machen." (Zitiert nach Fielhauer.)
Bewusst oder unbewusst schwingt in dieser Tagebuchnotiz Erzherzog Johanns – „Nun ist kein Kripperl mehr!" – auch die wenig erfreuliche Erkenntnis mit, dass durch das Einsickern des Christbaums in die Wiener bzw. später auch in die österreichische Gesellschaft die habsburgische Gegenreformation eine späte Nie-

derlage zu kassieren hatte – jener Prozess, der 80, 90 Jahre später von deutschen Weihnachtshistorikern als „Weltsieg des Weihnachtsbaums" (E. M. Kronfeld) bejubelt werden sollte, bedeutete zugleich das Aus für liebgewordene, jahrhundertealte Traditionen – vorbei war es mit Kartenspielen, mit dem Lesseln und Wahrsagen, die fromme und zugleich immens geschäftstüchtige Welt des Christbaums duldete nur mehr diesen selbst neben sich. Wie recht der kritische Habsburger übrigens mit seinen Befürchtungen hatte, zeigt ein von Gustav Gugitz zitierter Hofdamenbrief aus dem Jahre 1846: Dreißig Jahre nach jenem denkwürdigen Weihnachtsabend auf der Seilerstätte tragen die Gabentische am Hofe bereits schwer unter ihrer Last: „Nach der Tafel war Bescherung. Es standen 2 große, schön beleuchtete Tische im Salon I. kgl. Hohheit (Prinzessin Amalie von Schweden). Auf dem Einen 2 Girandoles à sept bougies Renaissance Stil, die der Prinz seiner Schwester schenkte und eine in Silber complet eingerichtete Reisecassette pour la toilette, welche K. H. dem Prinzen schenkte. Ich erhielt einen schönen silbernen Brotkorb und 12 Vermeiltheelöffel. Nachdem wir uns an den Herrlichkeiten erfreut hatten, fuhren wir in die Burg, um der Bescherung bei der Erzherzogin Sophie (der Mutter Kaiser Franz Josephs) beizuwohnen, die über alle Beschreibung glänzend ist. – Ein großer Baum, der mit hunderten von Lichtern besteckt war und dessen Zweige das schönste Zuckerwerk trugen. Daran reihten sich die mit reichen Gaben besetzten Tische der jungen Erzherzöge, die alles boten, was das Auge erfreuen und den Geist befriedigen kann. Der kl. Ludwig (Erzherzog Ludwig Viktor, 1842–1919) blieb natürlich in den Grenzen der Spielereien, diese waren so wunderschön, daß man selbst gern zum Kinde wurde. Die Damen und Herren bekamen Silber und Geschmeide, es war allgemeiner Jubel" – ein Bericht, der an Problematik gewinnt, wenn man das historische Umfeld dagegenhält: Lebensmittelteuerungen, vor allem die Erhöhung der Brot- und Fleischpreise, stürzten 1846/47 zahlreiche Wiener Familien in den Hunger …

Inkonsequent und falsch wäre es nun, den Christbaum der jungen Erzherzogin Henriette – wie dies so oft nachzulesen ist – als „ersten" in Wien zu bezeichnen; er war vielmehr der erste am Wiener Hofe, und als solcher setzte er sicherlich ein Zeichen für die „erste" Gesellschaft Wiens, den Hochadel, im Besonderen etwa für die Familie des Staatskanzlers Metternich. Tatsächlich griff man damit aber eine Entwicklung auf, die in der „zweiten" Gesellschaft, dem wohlhabenden Bürgertum, schon früher eingesetzt hatte.

In dieses Bild fügt sich ein Hinweis, auf den Helmut Paul Fielhauer aufmerksam machte: Im 6. Teil des von dem Geistlichen und Juristen Johann Schwerdling herausgegebenen Handbuchs *Praktische Anwendung aller vom Antritte der Regierung S. kais. königl. apostolischen Majestät Franz I. … in geistlichen Sachen (publico eccle-*

siasticis) ergangenen Verordnungen (Krems 1819) kam in der Rubrik „Rechte und Verbindlichkeiten des Geistlichen", § 123, folgende Information für den Klerus zum Abdruck: „Durch Verordnung der Niederösterreichischen Regierung vom 1. August 1815 wurde über das Abstämmeln und Ausgraben der Bäume zum Behuf der Frohnleichnams-prozessionen, Kirchenfeste, Weihnachtsbäume und dergleichen die genaue Beobachtung der Vorschriften des 21. und 32. § der Waldordnung vom 1. July 1813 empfohlen, übrigens aber die Kon(y)fiskazion der Weihnachtsbäume an den Linien Wiens, unter einem durch die Bankalgefälls-Administration eingeleitet."

Mit Recht verweist Fielhauer in seinem Kommentar zu dieser Verordnung darauf hin, dass die franziszeische Bürokratie wohl nicht wegen eines einzelnen aktenkundigen Christbaums reagierte, sondern erst, nachdem das „Problem" einen gesellschaftlich relevanten Umfang angenommen hatte. Tatsächlich erhärtet die Passage bei Schwerdling die Annahme, dass der Bedarf an Christbäumen in den Jahren nach 1810 gestiegen sein musste, wobei der Begriff „Weihnachtsbaum" noch wenig über den eigentlichen Verwendungszweck der inkriminierten Bäume aussagt – ob sie für Bescherungsfeste neuen Stils gedacht waren oder als Nikolobäumchen, geht daraus nicht hervor.

Immerhin finden sich in den Quellen aus dieser Zeit zahlreiche Hinweise auf weitere Christbäume, die vermuten lassen, dass die Bescherung im Zeichen des Lichterbaums in den Jahren unmittelbar nach dem Wiener Kongress massiv an Boden gewann – zunächst in den Kreisen zugewanderter Künstler, Intellektueller und Adeliger. So soll die neue Christbaum-Sitte auch in der angesehenen Familie des Freiherrn von Biegeleben gepflegt worden sein, die in der Zeit des Wiener Kongresses aus dem hessischen Darmstadt nach Wien gekommen war. Und der schwedische Schriftsteller Per Daniel Atterbom (1790–1855), der sich zum Jahreswechsel 1818/19 in Wien aufgehalten hatte, berichtete in seinen 1859 (in deutscher Sprache 1863) veröffentlichten Reiseerinnerungen über einen „angenehmen Weihnachtsabend", den er damals bei dem Landschaftszeichner Ferdinand von Olivier verbracht hätte, „verherrlicht" worden wäre die erbauliche Feier durch einen „prächtigen Christbaum und ein vom Hausvater selbst vorzüglich gemaltes Transparent, Christus in der Krippe vorstellend". Ferdinand von Olivier (1785–1841), geboren in Dessau, ausgebildet in Dresden, war 1811 zusammen mit seinem Bruder Friedrich nach Wien gekommen, beide waren eng befreundet mit dem aus Königsberg stammenden Brüderpaar Ludwig Ferdinand und Julius Schnorr von Carolsfeld – ein protestantischer Künstlerkreis, in dem der Christbaum wohl schon jahrelang bekannt war, der im katholischen Wien jedoch eine Insel ohne Breitenwirkung bleiben musste.

Das Christkind hat nicht enttäuscht: Puppenwagen und Puppe, Puppenküche und Bücher sorgen für glückliche Mienen ...

Aus Frankfurt am Main kam 1817 Jakob Alt (1789–1872), der Vater des Malers und bedeutenden Aquarellisten Rudolf von Alt (1812–1905) nach Wien. An das erste Wiener Weihnachtsfest der Familie im Dezember 1817 konnte sich Rudolf von Alt auch in späten Jahren noch gut erinnern: „An diesen Weihnachtsabend knüpft sich meine reizendste, denkwürdigste Weihnachtserinnerung. Mein Vater, der aus Frankfurt am Main stammte, brachte in diesem Jahre zum ersten Male einen Weihnachtsbaum nach Wien. 1817 kannte man in Wien noch nicht diese wonnesam-traute, erhebend-erhabene Institution. Der Weihnachtsbaum breitete damals wohl schon in Frankfurt seine lieblichen Ästlein über Kinderglück und Kinderwonne, aber noch nicht in Wien. Hier war er ganz fremd, der herrliche Baum, hier hatte man seinen goldigen Schimmer noch nicht kennen und lieben gelernt. Und wenn ich noch so alt werde, ich werde nie, nie diesen ersten, fremden Weihnachtsbaum vergessen. Plastisch und gravitätisch, milde und bezaubernd steht er vor mir – ich sehe ihn, sehe auch mich, den dummen fünfjährigen Jungen, der wahre Freudentänze um dieses neue und doch so sympathische Bäumchen aufführte, der sich nicht zu gute geben konnte über den Glanz, über den Flitter, über all die niedlichen Spielereien. Und wie bezaubernd winkten und blinkten die lieblichen Lichtlein! Wie warfen sie ihren Schein hinein in mein junges, aufnahmsfähiges Herz, wie enthusiasmierten sie mich! Noch tagelang schwärmte ich von dem neuen Baum und schwor mir, würde ich Maler, in den herrlichsten Farbentönen diesen ersten Weihnachtsbaum in Wien der Nachwelt zu erhalten, in dessen Bild all meine Gefühle, mein Gemüt hineinzulegen. Tat ich es auch? Ich glaube nicht … Und dann entsinne ich mich auch der verdutzten Gesichter meiner kleinen, winzigen Freundchen und noch kleineren Freundinnen, als ich ihnen erzählte, was neues Papa aus Frankfurt heimbrachte. ‚Aber wieso?‘, ‚Woher?‘, ‚Warum?‘ – so erscholl es voll Neugierde in der jugendlichen Korona. Und nicht früher beruhigte sich der ungestümen Jugend Sinn, sie ruhten nicht früher, als bis ich sie hinaufgeführt zu dem Baume, der schon ganz entkleidet war, aber selbst in seiner trockenen Nüchternheit die Büblein und Mägdlein gefangen nahm. Und dieser Weihnachtsbaum, dieser Frankfurter Weihnachtsbaum des Weihnachtsabends von 1817 gehört zu meinen denkwürdigsten Weihnachtserinnerungen. Er war der erste, der in Wien seinen zauberhaften Lichterglanz ausstrahlte. Der allererste. Denn der Weihnachtsbaum wurde erst viel später in Wien eingeführt."

Fasst man all diese Hinweise und Berichte zusammen, so ergibt sich folgendes Bild: Mit den nach dem Wiener Kongress nach Wien ziehenden protestantischen Familien aus Nord- und Mitteldeutschland gelangte auch der Christbaum in die habsburgische Metropole. Innerhalb nur weniger Jahre veränderte sich damit die

weihnachtliche Brauchtumslandschaft Wiens entscheidend: Der Christbaum rückte in den Mittelpunkt des festlichen Rituals, eroberte blitzschnell die wohlhabenden bürgerlichen Haushalte; der traditionelle Krippenmarkt wurde durch einen „Christbaummarkt“ (Franz Grieshofer) ersetzt. Als im Dezember 1836 die englische Reisende Frances Trollope in Wien weilt, ist der Christbaum aus der vorweihnachtlichen Stadt nicht mehr wegzudenken: „An jeder Straßenecke sieht man Frauen aus den niedrigen Ständen um Christbäume feilschen, die mit buntem Papier herausgeputzt sind. Diese Bäume werden in jeder Größe und für jeden Preis fast von jeder Familie in Wien, die noch Kinder hat, gekauft. Auch ist diese Sitte keineswegs der Hauptstadt eigentümlich; wie man mir sagt, gibt es keine Hütte in Österreich, die nicht etwas der Art hat, um diese freudenreiche Zeit zu feiern. Der Baum heißt der ‚Baum des Jesukindes‘, und an den Zweigen hängen allerlei niedliche Spielsachen, Bijous und Bonbons, welche unter die beim Feste Anwesenden verteilt werden. An den Bäumen, die auf der Straße verkauft werden, wird der Platz kostbarer Geschenke mit Äpfeln, Rosinen, Kastanien oder Pfefferkuchen behangen; alle aber sehen mit ihrem bunten Papierschmucke gefällig und feiertagsmäßig aus. Ich habe in dem Antlitze mancher armen Frau, welche zwischen Zweigen, die mit rotem, und anderen, die mit blauem Papier geschmückt waren, schwankte, genau ebensoviel Freude gesehen, wie sie nur die reichste Dame empfinden konnte, während sie die elegantesten und kostbarsten Geschenke für ihre Verwandten und Freunde aussuchte.“
Zu diesem Zeitpunkt hat der Christbaum bereits seinen Siegeszug in die Länder begonnen. In Graz ist es der Advokat und Bierbrauer Karl Bracher, der 1825 den ersten Christbaum aufstellt, in Salzburg 1826 der Spitzenhändler Koch und im gleichen Jahr erglänzt auch in Linz im Haus des Ritters von Spaun erstmals ein Christbaum. Um die Mitte des 19. Jahrhunderts hat er schließlich auch in den Innsbrucker Bürgerfamilien Fuß gefasst. Weitere Verbreitung erfährt der Christbaum vor allem über Innsbrucker Vereine, bei denen sich „Christbaum-Feiern“ großer Beliebtheit erfreuen. So spendet der Frauenverein den Kinderbewahranstalten Christbäume; Turnverein und Feuerwehr halten Christbaumverlosungen ab und in den Fliegenden Blättern des Radetzky-Vereines erscheint 1852 das erste bekannte Innsbrucker Christbaumbild: „Der Christbaum des Invaliden“. Die Zeichnung zeigt einen im Bett liegenden beinamputierten Kaiserjäger, über dem ein Christbaum mit brennenden Kerzen schwebt. Das dazugehörige Gedicht schildert die letzten Augenblicke im Leben des Invaliden, dessen traurige Erinnerungen an den Krieg vom Christbaum überstrahlt werden. Auf den Höfen der Bergbauern in den Tiroler und Salzburger Tälern bleibt der Christbaum jedoch weit ins 20. Jahrhundert hinein unbekannt.

Anonymus

Fressen und Saufen in der Christnacht?

Mit der Durchsetzung der josephinischen Staatsdoktrin, in der das Prinzip der Nützlichkeit für die Allgemeinheit zum obersten Wert erhoben wurde, konnte es nicht ausbleiben, dass auch die weihnachtlichen Bräuche und Gewohnheiten des Bürgertums ins Schussfeld der Kritik gerieten – in den Augen der jopsephinischen Aufklärer standen Form und Zweck des üblichen Weihnachtsrituals keinesfalls in einem würdigen Verhältnis zueinander. Schon anno 1781, ein Jahr nach dem Tod Maria Theresias, erschien unter den zahlreichen Streitschriften dieser Zeit auch ein anonymer Text *Ueber die Abschaffung der Weihnachtsmetten und Veränderung in eine Tagandacht, wegen der dabey vorgehenden Unordnungen und bisweilen gelegenheitlichen Ausschweifungen,* der im Gefolge der großen Reformen Josephs II. tatsächlich nicht davor zurückschreckte, die Abschaffung dieses tief im alten Weihnachtsbrauchtum der österreichischen Bevölkerung verwurzelten Gottesdienstes zu fordern.

§ 1

Aus welchen Absichten, leider! der meiste Theil unsers dummen, zu schlecht unterrichteten Pöbels, in dieser heiligen Nacht die Kirchen besuche, weiß ein jeder, der kein Fremdling in Israel ist, ohnedies weit besser, als ich mich erklären darf; nämlich nicht soviel um jene freudenvolle Nacht, die das allgemeine Heil der Menschheit entschied, in gottesfürchtiger Andacht, in heiligen Gebeten und Psalmen (wie es die ersten noch warmen Christen thaten) zu feyern, nicht so sehr um den neugebohrnen Erlöser anzubeten, sondern um ihre gesellschaftlichen Zusammenkünfte zu halten, und einen Theil der Nacht mit sündhaftem Aberglauben, mit Spielen und andern abergläubischen Gaukeleyen zubringen zu können, und um zu erfahren, wie auch nächtlicher Weil die Liebeskaressen anschlagen; kurz: anheut giebt die Kirchengewohnheit, die Geburt des

Erlösers bey Mitternacht zu feyern, den zum Ausschweifen geneigten Menschen, die zu keiner Zeit abgehen, eine artige Gelegenheit an die Hand, eine christliche Ballnacht zu begehen.

§ 2

Man bringt meistens den heiligen Vorabend in ganz mäßiger Kost zu, ja die meisten Familien fasten gar, um abends (weil man die Nacht hindurch wachen muß) sich destomehr zu überladen; da muß Gesottenes und Gebratenes, Guckelhupf und Pasteten, Wandel und Dortettel; kurz, alles, was die Küche und oft mehr als der Beutel vermag, zu Diensten stehen; da geht's Fressen und Saufen an, als wäre man auf dem letzten Faschingsball; und nun, wenn man sich zur Ehre Gottes voll gefressen, da geht's spielen an, da brandelt man oder trapuliert (ich rede von Bürgern und Gemeinen, ob es gleich bey manchen Adelichen nicht viel besser zugeht), bis es Zeit in die Metten, dann stürmt man nach stiller Mitternacht mit seiner Liebsten, mit vielem Frohlocken und Ungestüme, ja nicht selten mit großem Muthwillen und Ausgelassenheit, oder gar Jauchzen in die heilige Weihnachtsmetten, und erforscht alldort mit begierigem Auge die bekannten und unbekannten Schönen, und es läßt sich gar leicht begreifen, warum man diese Metten so gerne feyert, weil sie eine unterhaltliche Nacht abgiebt; nicht wie die ersten Christen, um dem Gebet abzuwarten, welches man den alten Vätern und Mütterlein überläßt, sondern weil die Nacht dem jugendlichen Volke sehr viele angenehme Vortheile begünstiget, (*) die man sonst so leicht nicht findet.

(*) Nox & pergræcatio nil moderabile suadent. Ovid.

Wurde in alter Zeit für das „Herbergsuchen" verwendet: „Frauentragbild" aus dem 17. Jahrhundert. Österreichisches Museum für Volkskunde.

Joachim Perinet

Über die Mette

Aus wohlhabendem, gutbürgerlichem Haus stammend, war Singspiel-Autor Joachim Perinet (1763–1816) als Schauspieler im Theater in der Leopoldstadt engagiert, als er 1786 mit seinen Ärgernissen, einer satirisch-kritischen Tour d'horizon durch die Wiener Gesellschaft, gegen deren Fehler und Laster, aber auch gegen die letzten Bollwerke volkstümlich-barocker Frömmigkeit ins Felde zog. Vom Standpunkt des kritischen, moralisierenden Aufklärers aus gesehen, hatte auch in seinen Augen die Weihnachtsmette (im Wienerischen das „Sabbathindl") ihren Sinn verloren – Perinet geißelt heftig ihr Abgleiten in ein wenig kontemplatives, dafür aber umso fröhlicheres Kirchenfest.

Bei allen aufgehobenen, überflüssigen und oft ärgerlichen Religionszeremonien blieb uns noch die mitternächtliche Weihnachtsmette, die doch eine der vorzüglichsten, wo nicht gar die Allererste aller Ungereimtheiten ist.

Sie ist die Loosung, die ganze Nacht durchzuwachen, zu spielen, zu – schwelgen, und Afterglauben und Dummheiten in verdammlichen Spielen zu üben. Halb besoffen, halb noch sich auf genossene Freuden rückerinnernd, eine Hälfte der Gedanken in der Kirche, die andere am Schenktische, in einer Hand den Rosenkranz, in der anderen den falschen Würfel: mit zerrissenem Haar und halbentblößtem Busen, mit halbgeschlossenen Augenlidern schwankt in der Stunde der Mitternacht Jüngling und Mädchen in den Tempel des Allerhöchsten, um da eines der größten Geheimnisse halbschlafend zu feiern, und morgendes Tages dafür desto länger faulenzen zu können.

Wenn auch so manchen Frömmling die Andacht spornt, so treibt doch die meisten das Ungewöhnliche, das sogenannte Feierliche dieser Handlung und die en Negligée hier versammelten Schönen. Das Mädchen schielt verstohlen aus dem Betbuche von dem Bilde eines Heiligen auf den schon halb taumelnden Jüngling, und dieser halbtrunken auf die halbbetende Schöne.

So wird diese Nacht des außerordentlichen Festes das Fest der Entweihung, der Stein des Ärgernisses!

Weihnachten bei Karoline Pichler

Eine ähnlich kritisch-distanzierte Haltung den neuen Weihnachtsritualen gegenüber wie Erzherzog Johann nahm Franz Grillparzer ein. Als Autor der im Jänner 1817 am Hofburgtheater zur Uraufführung gelangenden *Ahnfrau* ging im bereits erster Dichterruhm voraus, als er von seinem väterlichen Freund und Förderer Joseph Schreyvogel, dem Dramaturgen des Burgtheaters, im Sommer 1815 im Salon von Karoline Pichler eingeführt wurde. Das weltoffene Haus der Familie Pichler, nach jenem der Fanny von Arnstein wichtigster literarischer Treffpunkt der Hauptstadt, war so ganz nach dem Geschmack des jungen Feuergeists, der hier bald ein und aus ging. Karoline Pichler, schriftstellerisch erfolgreich, umfassend gebildet und aufgeschlossen, war ihrerseits häufig Gast in den Salons der Baroninnen Arnstein-Pereira und Eskeles und lernte hier wohl auch den Christbaum als Mittelpunkt des neuen Weihnachtsbrauchtums kennen. Ohne viel Aufhebens davon zu machen, übernahm die angesehene „First Lady" der zweiten Wiener Gesellschaft diese Sitte; in ihren *Denkwürdigkeiten aus meinem Leben* (Wien 1844) erzählte sie Jahrzehnte später, wie in diesen Jahren der Restauration feudaler Kräfte Weihnachten gefeiert wurde: „Wir pflegten alle Jahr eine kleine Weihnachtsfeier bei uns zu halten. Ein Baum wurde mit Lichtern u.s.w. geschmückt, und der nähere Kreis der Freundinnen und Bekannten meiner Tochter mit kleinen Gaben beschenkt, welche meist in Kindereien, in Anspielung auf vorwaltende Verhältnisse bestanden." Grillparzer, als enger Freund der Hausherrin selbstverständlich eingeladen, war von diesen harmlosen Scherzen jedoch überraschenderweise eher peinlich berührt: „In diesem Winter (1818/19), in dem Grillparzer so wie im vorhergehenden, als einer der werthesten jüngern Bekannten, ebenfalls beschenkt wurde, hatte ich für ihn, der eben mit frischem Lebensmuthe an seiner Medea arbeitete, einen Kupferstich, der den Theseus im Kampf mit dem Minotaurus vorstellte, gewählt (...)." Einige gutgemeinte Verszeilen, die Karoline Pichler diesem Stich beigegeben hatte, verstimmten Grillparzer vollends: „So wohl und herzlich gemeint diese Worte waren, schienen sie den Dichter doch ehr trüb als froh zu stimmen, und es ging mit dieser kleinen Gabe, so wie mit manch andern Versuch in dieser Zeit, der bestimmt war zur Aufheiterung, zur Herstellung des alten zwanglosen Verhältnisses wie es früher zwischen uns geherrscht hatte, beizutragen; es mißglückte und schien gerade das Gegenteil, Mißmuth und Entfremdung hervorzubringen; ja, es war als berührte ihn schon jetzt die Vorahnung eines unseligen Ereignisses, das bald darauf eintrat (Tod der Mutter – Anm. d. Verf.)."

Grillparzers Heilige-Abend-Stimmung zeigte sich aber auch in späteren Jahren von notorischer Düsterkeit geprägt. Den Salon der vaterländisch gestimmten Karoline Pichler in der Alservorstadt hatte er nun vertauscht mit dem Haus der Schwestern Fröhlich in der Spiegelgasse. Diese luden ihn zur Feier des Heiligen Abends 1831 zum gemeinsamen Fest. Alles verlief zunächst harmonisch, allein mit ihrem Geschenk dürfte auch Kathi Fröhlich nicht ganz den Geschmack des sauertöpfischen Weihnachtsmuffels getroffen haben, wie eine missmutige Tagebucheintragung Grillparzers vom 27. Dezember 1831 zeigt: „Einen Christbaum bei Fröhlich mitgemacht und Bescherungen erhalten, wobei mich die Oberflächlichkeit und Geschmacklosigkeit des von Kathi mir bestimmten Geschenkes äußerst unangenehm berührte. Zweimal im Begriffe gewesen, den Stein des Anstoßes geradezu auf die Straße wegzuwerfen, nur um des widerlichen Eindruckes los zu werden. Ich habe es nicht gethan. Es war ein allerdings nicht zu verwerfendes Gefühl, was mich daran hinderte" – die Anmerkung verrät nicht nur einiges über die düstere Seelenlage ihres Autors, sondern auch über den Stand der Wiener Weihnachtsbaum-Rezeption zu Beginn der dreißiger Jahre: Offensichtlich war „einen Christbaum mitmachen" bereits zur gängigen Wendung geworden, die pars pro toto die „moderne" Auffassung und Umsetzung von Weihnachten beschrieb. Im Zentrum des Vorstellungsfeldes stand bereits – zehn Jahre nach der Wienerwald-Expedition des Heinrich Anschütz – der Christbaum, als Symbol für das „Fest des Lichtes und des Sieges" (Paulus Cassel) war er aus den bürgerlichen Wohnzimmern nicht mehr zu verdrängen

Heinrich Anschütz

Die Christbaum-Suche

1821 kam der Schauspieler Heinrich Anschütz (1785–1865), geboren in Luckau in der Niederlausitz, nach Wien; von seiner schlesischen Heimat her gewöhnt an den hell geschmückten Tannenbaum, wollte er dieses „liebliche" Symbol auch bei seinem ersten Weihnachtsfest in der habsburgischen Metropole nicht missen – doch siehe da: Die katholischen Wiener standen seinem unschuldigen Ansinnen ziemlich hilf- und ratlos gegenüber. In seinen Erinnerungen, erschienen posthum 1866, erzählt der berühmte Burgtheatermime, Jahrzehnte hindurch ein Liebling des Wiener Publikums, von der großen Verwunderung, die er mit dem Kauf eines Weihnachtsbaums in diesem ersten Jahr seines Aufenthalts in der österreichischen Haupt- und Residenzstadt erregte.

Ich hatte Ende 1821 das erste Christfest in Wien zugebracht. Für einen Abkömmling protestantischer Eltern gehört das Bescherungsfest und die Feier der Sylvesternacht beinahe zu den Cultusgegenständen. Auf mich hatten sie von Kindesbeinen an einen ehrwürdigen Eindruck gemacht. Die ideale Richtung meiner Natur, der Reiz, den das Wunderbare und Märchenhafte von jeher auf meine Fantasie ausgeübt hatte, ließ mich mit der Weihnachtsfeier einen poetisch religiösen Grundgedanken verbinden und die Gegenwart trat fast in den Hintergrund, wenn süß die geheimnisvolle Zeit heranrückte. Ich war immer ein großer Kinderfreund gewesen. Kaum hatte ich daher einen eigenen Haushalt gegründet, als ich mich beeilte, dem Bedürfnisse meines Herzens zu folgen und die Christbescherung in immer größeren Dimensionen zu begehen. Hier konnte ich über meine Kräfte verschwenden.

Als ich nun zur Weihnacht 1821 die vorbereitenden Einkäufe besorgen wollte, war ich nicht wenig erstaunt, auf beinahe gänzliches Unverständnis dieser lieblichen Feier zu stoßen. Es kostete mir Mühe ein Tannenbäumchen aufzutreiben. Als ich mein Verlangen auseinandersetzte, hörte ich an allen Verkaufsorten die verwunderte Frage: „Christbescherung? Was ist das? Ah, Sie meinen den Niklo? …"

Ich befand mich allerdings in einem katholischen Lande, wo man eigentlich von diesem Feste keine Notiz

Heiliger Abend auf einem Bauernhof in den Alpen. Illustration nach einem Gemälde von Karl Sterrer.

nimmt. Es war ja in Frankreich nicht anders. Dennoch wunderte ich mich, daß das lebensfrohe, fast kindliche Wien nicht längst eine freundliche Sitte nachgeahmt hatte, welche durch die Gemahlin des Erzherzogs Karl doch schon bekannt sein mußte. Und doch hatte dieses unvergleichliche Kinderfest factisch noch keine rechte Verbreitung gefunden.
Ich war eine bekannte Persönlichkeit, meine Einkäufe und Anstalten fielen auf, ein Freundeskreis, der die Vorbereitung meiner Mysterien mit Interesse beobachtete, hatte nichts Eiligeres zu tun, als meinem Beispiel noch in demselben Jahre zu folgen, und ich kann wirklich sagen, daß mein Eintritt in Wien nicht wenig dazu beigetragen hat, das Christfest so schnell in allgemeine Aufnahme zu bringen, denn schon im nächsten Winter wurden förmliche Waldungen nach Wien geschleppt, und alle Spielwarenhändler und Kaufleute richteten sich für die neuen Marktbedürfnisse ein …

Bestätigt wurde Heinrich Anschütz, unter dessen Gästen am Heiligen Abend 1821 sich unter anderem auch Franz Schubert befand, später von seiner Enkelin Emilie Koberwein, die Näheres von seiner mühevollen Suche nach einem Weihnachtsbaum zu berichten wusste:

Mein Großvater kam bekanntlich 1821 mit seiner Familie nach Wien. Er war aus seiner Heimat gewohnt, am heiligen Christabend einen Christbaum auf dem Tische aufzustellen, der mit Flitterwerk geziert war, und die an demselben angebrachten Kerzen vor dem Abendessen anzuzünden. Damals gab es in Wien noch keinen Christkindelmarkt und waren auch keine Tannenbäume in der Stadt zu kaufen. Mein Großvater fuhr also selbst in eine benachbarte Ortschaft, ich glaube in die Brühl bei Mödling – ganz genau weiß ich dies nicht mehr –, gab einem Bauern ein gutes Trinkgeld und brachte dafür einen mittelgroßen Tannen- oder Fichtenbaum mit nach Hause, den er zuerst vor den Kindern verbarg und dann heimlich schmückte, und am Christabend wurde derselbe angezündet und hierauf die Familie in das bisher verschlossene Zimmer eingelassen. Am Fuße des Christbaumes war eine kleine Krippe aufgestellt mit der heiligen Familie, dem Gloriaengel, den Hirten im Tale und der Erde usw. Der Großvater hielt dann gewöhnlich eine kurze, herzliche Ansprache, nach welcher alle Familienmitglieder und die Dienstboten Christgeschenke erhielten. Ob ein Choral gesungen wurde, erinnere ich mich nicht; ich wohnte als kleines Kind nur in den letzten Jahren der Familienfeier bei, die mir unvergeßlich blieb.

Eduard von Bauernfeld

Der Vater am Christabend

Der Hofkammerbeamte Bauernfeld (1802–1890), angesehener Lustspielautor des Vormärz, befreundet mit Grillparzer, war einer der Ersten, der den mit der Neudefinition von Weihnachten als Familienfest anfallenden „Weihnachtsstress“ in wohlgesetzten Versen dokumentierte.

Ei, wie wimmeln nun die Straßen
von den froh bewegten Mengen!
Durch die dichtgereihten Massen
will sich auch ein Stiller drängen.

Seht, ein Bäumchen in den Händen,
biegt er um des Hauses Ecke,
eilt, daß er das Werk vollende
und zur Zeit es noch verstecke!

Was nun will sein Lächeln meinen,
wie er zündet jetzt das Licht?
Allen Jubel seiner Kleinen
trägt er schon im Angesicht.

Das Goldene Rössl

In manchen Teilen Oberösterreichs war von Christkind und Christbaum bis zur Mitte des 19. Jahrhunderts noch keine Rede. Im Mühlviertel und im Böhmerwald glaubten die Kinder noch an das „Goldene Rössl", an ein mit Schellen behangenes „Sonnenross", das in den späten Morgenstunden des 24. Dezember schnell wie der Wind über die Dächer hinwegbrausen würde, es aber bei all der Eile dennoch schaffe, den braven Kindern Geschenke „einzulegen": Schulsachen etwa, aber auch Äpfel, Nüsse, Zwetschken und Kletzen. Vielfach stellte man sich auch vor, dass dieses „Goldene Rössl" einem goldenen Wagen vorgespannt wäre – eine ferne Erinnerung an den uralten indogermanischen Mythos von Helios, dem Sonnengott, der mit Ross und Wagen über den Himmel zieht.

Noch 1860 berichtet der in Kremsmünster wirkende Benediktinerpater Amand Baumgarten über die Feier des Heiligen Abends in seiner Heimat: „An dem Tag kommt für die Kinder das Goldene Rössl. Es läuft am First des Scheunendachs vorbei und wirft einen Sack voll Kletzen in den Hof. Damit es aber vorbeikommt, muss man fasten. Es bringt Äpfel und Nüsse." Die Kletzen sollten nach altem Volksglauben vor Krankheit und Unglück schützen; vorsichtige Menschen legten ein Bündel Heu bereit, so glaubte man verhindern zu können, dass das Goldene Rössl ohne stehen zu bleiben vorbeistürmen würde.

Nur langsam wich das Goldene Rössl der Christbaum-Feier und dem Glauben an das Christkind, vor allem die „liebevolle Förderung durch die Dorfschullehrer", so der Volkskundler Ernst Burgstaller, hätte zur Verbreitung des neuen Brauchs beigetragen. Manche Eltern fanden eine raffinierte Lösung – sie veranstalteten am Heiligen Abend einfach zwei Bescherungen für ihre Kinder: eine am Morgen durch das Goldene Rössl und eine am Abend mit dem Christbaum als glanzvollem Festsymbol und dem Christkind als Gabenbringer. Der Aufwand erwies sich jedoch bald als zu hoch, man begann die beiden Figuren miteinander zu verschmelzen, indem man das Christkind auf einem goldenen Pferdchen reiten oder in einem goldenen Wagen einherfahren ließ.

Ein Vorläufer der Weihnachtskrippe: Das „Bornkindl" wurde während der Heiligen Messe auf den Altar gestellt und in die liturgische Handlung miteinbezogen. Der Mantel der Statuette ist verloren gegangen. Holzplastik, 17. Jahrhundert. Österreichisches Museum für Volkskunde.

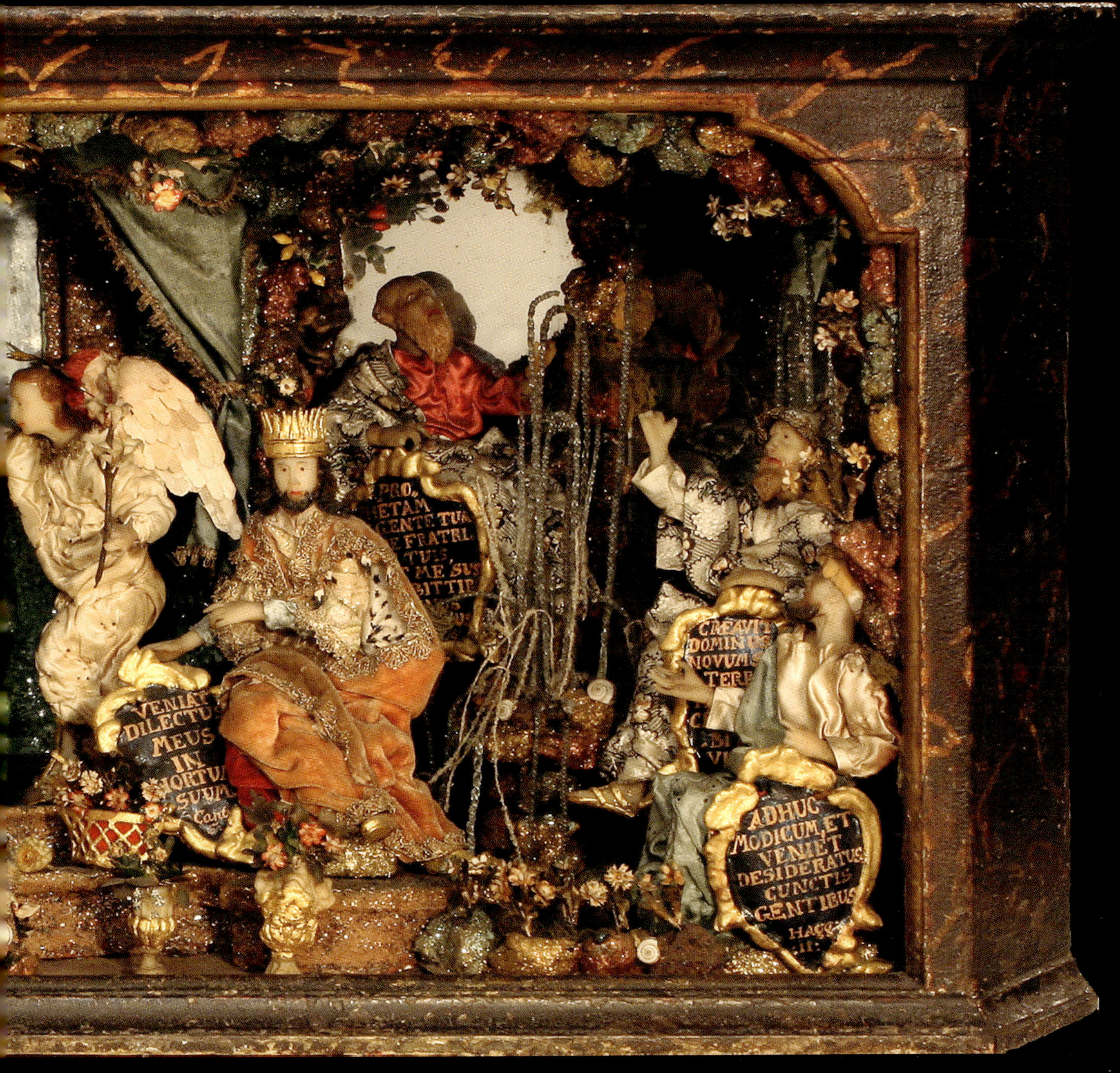
VENIAT
DILECTUS
MEUS
IN
SUUM
CREAVIT
DOMINUS
ADHUC
MODICUM, ET
VENIET
DESIDERATUS
CUNCTIS
GENTIBUS

Abendland und Morgenland, Nadelbäume und Palmen friedlich vereint: Ybbstaler Weihnachtskrippe, spätes 18. Jahrhundert. Dom- und Diözesanmuseum Wien. Vorhergehende Doppelseite: Von der Bühnendekoration der Barockzeit beeinflusste Szenerie: Verkündigungskrippe, vermutlich aus einem niederösterreichischen Kloster, drittes Viertel 18. Jahrhundert. Dom- und Diözesanmuseum Wien.

Alles dreht sich um den Christbaum: Weihnachten im Kloster. Gemälde von Ernst Nowak (1851–1919). Öl auf Holz, 1894. Kunsthandel Giese & Schweiger, Wien.

Vergegenwärtigung des Weihnachtsmysteriums und Vorstufe zur Krippe: Das kunstvolle „Haus Jesu" birgt in seinem Inneren die Geburtskirche in Bethlehem und die Geburtsgrotte. Der Deckel zeigt das Jerusalemkreuz und Jesus im Strahlenkranz. 17. Jahrhundert, Österreichisches Museum für Volkskunde. Reliquien von der „wahren Krippe Jesu" werden in der weltlichen Schatzkammer der Hofburg und im Kloster der Ursulinen in Wien aufbewahrt.

Hermann Mang

Das heilige Mahl

Der Seelsorger und Heimatkundler Hermann Mang (1883–1947), Generalvikar im Bistum Brixen und Kustos der volkskundlichen Abteilung im Diözesanmuseum Brixen, zeichnete 1932 in seinem Standardwerk *Unsere Weihnacht* ein eindrucksvolles Bild von den kulinarischen Freuden, denen sich die Tiroler Bauern am Heiligen Abend hinzugeben wussten. Askese und tiefe Frömmigkeit verbinden sich mit der Lust am deftigen Genuss.

Seit uralter Zeit ist der Heilige Abend strenger Fasttag, der nicht bloß den Genuß von Fleischspeisen verbietet, sondern auch Abbruch vorschreibt. Wenn das Gotteskind als Erlöser kommt, dann soll es die Menschenherzen bereitet finden durch Werke der Buße und der Heiligung, mahnt die Kirche. Darum gehen um die Weihnachtszeit die meisten Leute zur Beichte und Kommunion, darum halten sie am Heiligen Abend wenigstens zeitweise strenges Fasten. Noch vor wenigen Jahrzehnten war es in vielen Tälern allgemeiner Brauch, am Morgen des Heiligen Abends ohne Frühstück zu bleiben, und noch heute halten es z. B. in Latzfons die meisten Leute so und die Mühlwalder, deren Frühstück sonst reichlicher ist als das Mittagessen der meisten Oberinntaler Bauern, essen an diesem Morgen nur eine leere Suppe ohne weitere Zutat, und ganz ähnlich ist es noch im Eisacktal und im Vinschgau. Im Oberinntal und im Ötztal haben vor Zeiten manche gar gefastet, bis die Sterne aufgingen. In Prettau bleiben jetzt noch manche Leute bis zum Abend nüchtern, aber nicht bloß am Heiligen Abend, sondern auch an den Vorabenden von Neujahr und Dreikönig, also vor den drei Rauhnächten. Sie sagen, wenn man an diesen Abenden so lange fastet, dann hört man am jüngsten Tag das „Getümle“ nicht, das ist das Schreien und Lärmen der Verdammten. Diese Erklärung ist wohl erst nachträglich aufgekommen, zugrunde liegt wahrscheinlich die Furcht vor der wilden Jagd der Geister.
Um das Fasten des Morgens einzubringen oder um schon die kommende Feststimmung zu feiern oder wahrscheinlicher wohl als altgermanische Kulterinnerung kommt dann später eine reichlichere Mahlzeit, die im

Pustertal und Iseltal das „heilige Mahl“, im Zillertal das „Rachmahl“ heißt. Dazu werden im Pustertal, im Eisacktal, Zillertal und Unterinntal Arme als Gäste eingeladen, und davor werden außer dem geöhnlichen Tischgebet noch der „Glaube an Gottvater“ und eine Reihe von Vaterunser gebetet. Vielleicht wurde dieses besondere Beten mit dem ausdrücklichen Einschluß des Glaubensbekenntnisses auf Drängen von höherer Seite eingefügt, um dem uralten Opfermahl eine christliche Form zu geben. – In vielen Tälern bringt schon der Mittagstisch eine größere Speisenfolge; dabei kehren meistens gerade solche Gerichte wieder, welche schon beim altgermanischen Totenkult üblich waren, nämlich die Erbsensuppe, das Mus, und zwar vielerorts wie in Milland aus Weizenmehl und mit Mohn und Weinbeeren, im Vinschgau auch mit Kastanienmehl, dann Kücheln und Krapfen in den verschiedensten Formen und Größen und mit allerhand süßen Zugaben wie Mohn – im hintersten Iseltal nimmt man dafür Hanf –, Honigwasser und süßen Beeren, im Burggrafenamt und im Vinschgau auch mit Kastanienfülle. Wie viele Freuden diese Festspeisen schaffen, ergibt sich daraus, daß die honiggefüllten Krapfen, welche in St. Leonhard bei Brixen bis zum Weltkrieg am Heiligen Abend üblich waren, einfachhin „das kleine Himmelreich“ hießen. In Mühlwald und ähnlich auch in den meisten Seitentälern des Pustertales und fast in allen Orten des Haupttales ist für das „heilige Mahl“ die ganze Speisenfolge streng festgelegt: zuerst kommt eine Erbsensuppe, dann Nigelen, das sind Faschingskrapfen, hierauf Mus oder Milchreis mit Butter und Honig darauf und zum Schluß frische Milch. Gleich am Anfang werden um die Schüssel im Kreis herum Krapfen gelegt, von denen jeder nach Belieben nehmen kann. Sehr unangenehm wird es empfunden, wenn während des Essens jemand hereintritt, der nicht zum Haus gehört; das gilt als Vorzeichen für einen Todesfall in der Familie im kommenden Jahr, ein Aberglaube, der im ganzen Pustertal und im Iseltal fortlebt. In den Speisezettel bringt natürlich auch die Art der Bodenerträgnisse einige Verschiedenheit hinein. Im Martelltal und überhaupt im Vinschgau bleibt bezeichnenderweise das Mus, aber in die Suppe kommen Kastanien hinein, an anderen Orten des Vinschgaus, wie in Tannas, wird das Pfeffermus aufgetischt, das aus eingebranntem Mehl und Kastanienfülle besteht.
Zum „heiligen Mahl“ und überhaupt zur richtigen Feier der Weihnachtszeit gehört im Iseltal und auch an manchen Orten des Pustertals der Blattlstock. Blattln sind eine Art großer Krapfen; sie werden in Zuckerwasser getaucht, mit Mohn, im hintersten Iseltal mit Hanf überstreut und dann in Schmalz gebacken. Dann werden sie auf einem riesigweiten, irdenen Teller hoch aufgeschichtet, nun wird erst noch der Rest des heißen Schmalzes darübergeschüttet; das Schmalz ergießt sich langsam über die Blattln und erstarrt allmählich zu eiszapfenähnlichen Gebilden. So steht der Blattlstock hochaufgerichtet in der Stube, kommt nach jeder

Mahlzeit zusammen mit einer Schüssel Milch auf den Tisch, wird immer wieder ergänzt und hält stand, ein Sinnbild behäbigen Genusses und genussvoller Festzeit, bis Weihnachten ganz vorbei ist. (...)
Während an den beiden andern Vorabenden das heilige Mahl erst um 3 Uhr nachmittags beginnt, fängt es am Heiligen Abend schon um 10 Uhr vormittags an. Freilich dürfen die Geladenen nicht zu spät kommen, denn wenn einer zu spät kommt, dann stirbt im nächsten Jahr jemand aus der Familie des Gastgebers. Vor dem Mahl, ehe noch die Geladenen kommen, nimmt der Hausvater eine Pfanne mit glühenden Kohlen, darauf legt er Harz oder Weihrauch und den Weihebuschen von Mariä Himmelfahrt und vielleicht noch Kranebittbeeren; ein Kind des Hauses trägt eine Schale mit Weihwasser und nun wird die Räucherung gehalten. Alle Hausleute gehen mit, der Umgang beginnt in der Küche, geht dann in den obern Stock in alle Kammern, überall schwenkt der Bauer die Pfanne dreimal, jeder Kasten, jede Truhe muß offen stehen, und überall, auch in die Milchschüsseln und in alles Milchgerät, wird hineigeräuchert und dazu Weihwasser gesprengt. Vom obern Stock geht der Umgang in alle Räumlichkeiten des Futterhauses und der Ställe, dann in die Mühle und ins Bienenhaus und schließlich noch in den letzten Winkel des Hauses. Der Bauer schwingt ständig die Glutpfanne und betet dazu den freudenreichen Rosenkranz vor. In der dritten Rauchnacht wird beim dritten Gesetzlein gebetet: „Den du, o Jungfrau, mit Freuden den drei Weisen zur Anbetung dargereicht hast." Ohne die Stube berührt zu haben, geht der Umgang wieder in die Küche zurück und betet dort den Rosenkranz zu Ende, falls er nicht schon vorher fertig war. Dann gehen die Hausleute in die Stube und sitzen plaudernd beisammen, bis alle Geladenen angekommen sind. Nun bringt die Kuchldirne oder eine Tochter des Hauses die große Schüssel voll Erbsensuppe und stellt sie auf den Tisch, darauf kommt der Hausvater mit der Glutpfanne und sagt feierlich: „Jetzt, Leute, geht all her mit die Hüte!" Zuerst kommt der Großknecht, hält den Hut über die rauchende Pfanne und setzt ihn raucherfüllt auf. Und so tun die Knechte der Reihe nach; nach dem Großknecht der kleine Knecht, dann der Zusra, das ist der dritte Knecht, dann der Bsecha, dies ist der Fütterer, zum Schluß der Stallbub. Vor Zeiten haben sich für diese Feierlichkeit auch die Mägde Hüte aufgesetzt, jetzt aber halten sie ihre Kopftücheln über den Rauch und nehmen sie dann über den Kopf; und so kommt zuerst die Kuchlerin, die erste Dirne, dann die Felderin, die zweite Magd, dann die große und die kleine Gitsche, die dritte und die vierte Magd; dann erst treten die Kinder des Hauses heran und zum Schluß die Gäste. Die Hausmutter nimmt daran nicht teil, die ist in der Küche vollauf beschäftigt. Der Bauer trägt die Rauchpfanne fort, kommt wieder herein und alle knien in der Stube nieder zum Gebet. Der Großknecht betet fünf Vaterunser, Ehre sei dem Vater und das Glaubensbekenntnis vor, darauf

stehen alle auf und beten sitzend das gewöhnliche Tischgebet. Die Manderleute haben ihren Platz beim „großen" Tisch, die Weiberleute und die Kinder beim „kleinen" Tisch. Rund um die Suppenschüssel liegen Schnitten von eigens gebackenem Weizenbrot, dann kommt Milchmus oder seit wenigen Jahrzehnten Milchreis mit Weinbeeren, Zucker und Zimt darauf; dann große, feine Weihnachtsküchelн oder jetzt gewöhnlich gefüllte Krapfen (Türschtlan); früher bestand die Fülle aus Schotten, Mohn und Zucker, heute meist aus Schotten und Erdäpfeln. Weiter folgt eine flache Schüssel voll Weizenkrapfen, anderswo Kücheln geheißen, und Roggenblattln rings um eine Schüssel voll warmflüssigen Schmalzes zum Eintunken; den Schluß bildet frische Milch mit Rahm. Anderthalb Stunden dauert das Mahl, dann erhalten die Gäste noch Krapfen und Blattln zum Mitnehmen.

Frances Trollope

Weihnachtsbescherung bei der Fürstin Metternich

Im September 1836 trifft eine der ungewöhnlichsten Frauen des 19. Jahrhunderts, die englische Schriftstellerin und unermüdliche Reisende Frances Milton Trollope (1780–1863), in Wien ein. Obwohl sie im Jahr zuvor ihren Mann und zwei Kinder verloren hat, ist sie vom Abenteuer eines Wien-Aufenthalts nicht abzubringen. Da sie als überzeugte Konservative gilt, gelingt es ihr über den englischen Gesandten ohne Schwierigkeiten, Zutritt zur Familie des Fürsten Metternich zu finden. Melanie Metternich notierte in ihrem Tagebuch über die 56-jährige Britin: „Sie ist eine gutmütige Frau, sehr einfach und natürlich, eine aufmerksame Zuhörerin und für jeden Beweis von Teilnahme dankbar. (…) Sie hat die Eroberung meines Mannes und er, wie mir scheint, auch die ihrige gemacht" – eine gegenseitige Sympathie, die zur Folge hat, dass Frances Trollope am Heiligen Abend 1836 zur Weihnachtsfeier der Fürstin Metternich geladen wird.

Einer der Vorzüge der Wiener Gesellschaft ist, daß man sich pünktlich zur festgesetzten Stunde einfindet: eine Gewohnheit, die wir, leider, nicht mit uns brachten, denn wir kamen häufig auch bei Veranstaltungen zu spät, so daß wir manchmal den Anfang versäumten. So war es auch am Heiligen Abend. Aus Furcht, zu früh zu kommen, entging uns das erste glückliche Hereinstürmen der Kinder, nachdem das Zeichen gegeben wurde, daß der „Christbaum" angezündet sei. Leider erreichten wir die Gesellschaft erst, als alles, was zu dieser reizenden Feier gehörte, schon im vollen Gange war.
Der große runde Eßtisch stand in der Mitte des großen Salons und auf demselben ein Fichtenbaum, der fast bis zur Decke reichte. Auf den Zweigen desselben waren unzählige kleine Wachslichter angebracht, so wie die Andächtigen damit den äußeren Rand der Heiligtümer, vor denen sie beten, zu schmücken pflegen.

Über, um und unter dieser funkelnden Milchstraße von kleinen Sternen hing an bunten Bändern eine unzählige Menge von Bonbons und anderen niedlichen Dingen, die in ihren Strahlen glänzten. Sie losmachen und sie unter die Gesellschaft verteilen, war für den Schluß der Feier vorbehalten; einstweilen aber umstand ein schöner Kreis von Kindergesichtern, strahlend vor Wonne, den großen Tisch, wo sie in dem einen Augenblick den funkelnden Glanz des Baumes betrachteten und in dem andern mit noch größerem Entzücken jedes ein Geschenk von dem reichen Überflusse an Spielsachen erhielt, die entweder den Tisch bedeckten oder rings um ihn aufgestellt waren. Alsbald wurde die Scene noch lebendiger. Hier wurde ein großes hölzernes Pferd durch seinen glücklichen Besitzer in lebhafte Bewegung gesetzt. Dort war ein Kegelspiel in voller Tätigkeit. Auf der einen Seite ließ ein kleiner Prinz in vollem Kutscherkostüm seine Peitsche über die Köpfe seiner hölzernen Pferde knallen, und auf der andern machte ein liebliches kleines Mädchen Bekanntschaft mit einer prächtigen Puppe. Winziges Teegeschirr und Tischgeschirr, Kabinette und Bibliotheken en miniature und eine Welt von andern Dingen, an die ich mich nicht namentlich zu erinnern vermag, war schnell unter eine so glückliche Schar niedlicher Geschöpfe verteilt, als nur je an einem Christabende blickten und vor Freude strahlten. –

Unter ihnen war die Herrin des Festes nicht die am mindesten bezaubernde. Es gibt Menschen, welche, wenn sie Freude gewähren, in ihrem eigentlichen Element zu schweben scheinen und dabei zu einem innigeren Gefühle des Lebens und der Lust erwachen als bei jeder anderen Veranlassung. Die Fürstin Metternich gehört zu diesen himmlischen Wesen, und ich weiß aus guter Hand, daß sie dies nicht bloß an einem jour de fête beweist. Außer den schönen Metternichschen Kindern war eine zahlreiche Familiengesellschaft versammelt. Die Gräfin Zichy-Ferraris, Mutter der Fürstin, die Gräfin Szechenyi und die Fürstin Odescalchi, zwei andere ihrer Töchter, dann der Graf und die Gräfin Sandor, welche Dame eine Tochter des Fürsten Metternich von seiner ersten Gemahlin ist, befanden sich darunter.

Nachdem an alle Kinder Geschenke ausgeteilt worden waren, bemerkte ich, daß der Baum sein Licht auf andere Beweise der Zuneigung und des Wohlwollens werfe. Viele sehr elegante Geschenke wurden von der Fürstin unter ihre Umgebung verteilt. Niemand der Anwesenden war vergessen, und das schöne Stammbuch, welches sie mir gab, war mir doppelt willkommen – erstens, weil es ein Geschenk von ihr war, und zweitens, weil es mir guten Anlaß zum Sammeln von Autogrammen gab, welche auch ein weniger kostbares Buch wertvoll gemacht hätten.

Nachdem der Tisch von seinen vielen und verschiedenartigen Schätzen geräumt worden war, wurde der Baum nicht ohne Schwierigkeit auf den Boden gehoben und die an seinen erleuchteten Zweigen hängenden Bonbons herabgenommen und unter die tanzende und jubelnde kleine Schar verteilt, welche ihrer harrte. Während ich den Glanz und die sinnreichen Verzierungen des Baumes bewunderte, sagte die Fürstin zu mir: „Der Portier unten hat auch einen solchen Baum, und verlassen sie darauf, er hat genau einen so glücklichen Kreis um sich, wie es der meinige ist."

In dieser Einschätzung täuschte sich die Fürstin jedoch: In den ärmeren und armen Familien war der Tannenbaum um 1830 noch immer etwas Ungewöhnliches und wenig bekannt. Erst in den folgenden beiden Jahrzehnten – bis zur Revolution von 1848 – eroberte der Christbaum auch die kleinbürgerlichen Haushalte, etablierte er sich quer durch alle Gesellschaftsschichten endgültig als das weihnachtliche Festsymbol schlechthin. Frisch geschnittene Christbäume beherrschten von nun an zur Adventzeit das Weichbild der Stadt; um 1900 sollen alljährlich über eine Million Christbäume nach Wien gebracht worden sein; besonders gute Geschäfte machten dabei die Verwaltungen der Fürstlich Liechtenstein'schen und Schwarzenberg'schen Wälder, zahlreiche Bäume kamen aus Böhmen, Mähren und Ungarn, ja, selbst aus den weiten Forsten des abgelegenen Siebenbürgen gelangten junge Fichten und Tannen in die habsburgische Residenz.

Anonymus

Das Fest des Bohnenkönigs

Im Gegensatz zu seinem älteren Bruder Joseph, der nach dem Tode seiner zweiten Frau ein einsames Junggesellenleben geführt hatte, genoss Kaiser Leopold II. am Christtag die Gesellschaft seiner großen Familie. Im Auszug aller europäischen Zeitungen vom 12. Februar 1791 berichtete ein anonym bleibender „Hofberichterstatter" Details aus dem weihnachtlichen Familienleben des Herrschers.

Unser Monarch entzieht sich, wenn er kann, seinen Staatsgeschäften und verschafft sich Erholung in dem Schoße seiner Familie. Am Weihnachtstage brachte er einen großen Kuchen in den Zirkel seiner Kinder, schnitt ihn auseinander und feierte wie ein guter Vater das sogenannte Fest des Bohnenkönigs. Der Erzherzog Josef bekam die Bohne und wurde Bohnenkönig. Er ernannte also seinen Hofstaat; die Königin von Neapel machte er zu seiner Königin und den König von Neapel machte er zu seinem Oberjägermeister (beide waren damals in Wien), endlich kam er an seinen durchlauchten Vater und machte ihn zum Pförtner seines Pallastes. Man fragte ihn, warum er unsern guten Leopold nur zum Pförtner machte? Dies habe ich getan, sprach er, weil der Papa unter allen der mächtigste ist, folglich wird er den Eingang zu meinem Hof allen denjenigen, die nicht dahin gehören, am besten verwehren können.

Adalbert Stifter

Vom Christkinde

Als 21-jähriger Student der Mathematik war Adalbert Stifter 1826 nach Wien gekommen, lernte hier seine Frau Amalie Mohaupt kennen und verdiente seinen Lebenunterhalt mehr schlecht als recht als Vorleser und Hauslehrer; erst 1840 gelang ihm mit Erzählungen der Durchbruch als Dichter. In seiner berühmt gewordenen Stadtbeschreibung aus dem Jahre 1844 *(Wien und die Wiener in Bildern aus dem Leben)* konnte er auf den Christbaum bereits als selbstverständliches Requisit zurückgreifen.

„Ist Pfingsten das liebliche Fest und Ostern das erhabene, so ist Weihnacht das herzinnige. Es ist das Fest des Kindes, des ewigen, des heiligsten, des allmächtigen, des liebreichsten Kindes, des Königs der Kinder. Und in welche Zeit des Jahres fällt das Fest! Wenn zu Pfingsten alles grünt und duftet, wenn zu Ostern Feld und Garten und Wald sich zu dem holden Lenze rüsten, so ist die Weihnacht zu der Zeit des kürzesten Tages und der längsten Nacht. Und dennoch, wie ahnungsreich und herzerfüllend ist die Zeit! Wenn der tiefe, weiße, makellose Schnee die Gefilde weithin bedeckt und an heitern Tagen die Sonne ihn mit Glanz überhüllt, daß er allerwärts funkelt; wenn die Bäume des Gartens die weißen Zweige zu dem blauen Himmel strecken und wenn die Bäume des Waldes, die edlen Tannen, ihre Fächer mit Schnee belastet tragen, als hätte das Christkindlein schon lauter Christbäume gesetzt , die in Zucker und Edelsteinen flimmern: so schlägt das Gemüt der Feier entgegen, die da kommen soll. Und selbst wenn düstre, dicke Nebel die Gegend decken oder in schneeloser Zeit die Winde aus warmen Ländern bleigraue Wolken herbeijagen, die Regen und Stürme bringen, und wenn die Sonne tief unten, als wäre sie von uns weg zu glücklicheren Ländern gegangen, nur zuweilen matt durch den Schleier hervorblickt, so würden fromme Kinder den Glanz durch den Nebel oder durch die bleigrauen Wolken ziehen sehen, wie das Christkindlein durch sie hinschwebt, wenn sie nur eben zu der Zeit hinaussähen, da das Christkindlein vorüberschwebt; denn das Christkindlein rüstet sich auch schon lange Zeit zu seinem Geburtsfeste, um den Kindern zu rechter Zeit ihre Gaben zu bescheren.
Und endlich kommt die heilige Nacht. So kurz die Tage sind, so hat doch an diesem Tage die Nacht gar nicht

kommen wollen und immer dauerte der Tag. Das Christkind aber gibt die Gaben nur in der Nacht seiner Geburt. Und sie ist jetzt gar wirklich gekommen, diese Nacht. Die Lichter brennen schon in dem schönen Zimmer der Stadtleute, auf der Leuchte in der Stube der alten Waldhütte brennt der Kien oder es brennt ein Span in seiner eisernen Zange auf einem hölzernen Gestelle. In dem Zimmer mit den Lichtern oder in der Stube mit dem brennenden Kien oder dem brennenden Span harren die Kinder. Da kommt die Mutter und sagt: „Das Christkindlein ist schon dagewesen."

Und nun öffnen sich die Flügeltüren und die Kinder und alle, die gekommen sind, die Freude zu teilen, gehen in das verschwiegene Zimmer. Dort steht der Baum, der sonst nichts als grün gewesen ist. Jetzt sind unzählige flimmernde Lichter auf ihm und bunte Bänder aus Gold und unbekannte Kostbarkeiten hängen von ihm nieder. Und der Gaben ist eine Fülle auf ihm, daß man sich kaum fassen kann. Die Kinder sehen ihre liebsten Wünsche erfüllt und sogar die Erwachsenen und selbst der Vater und die Mutter haben von dem Christkinde Geschenke erhalten, weil sie Freunde der Kinder sind und die Kinder lieben. Die Bangigkeit der Erwartung geht jetzt in Jubel auf und man kann nicht enden, sich zu zeigen, was gespendet worden ist. Man zeigt es sich immer wieder und immer wieder und freut sich, bis der Erregung die Ermattung folgt und der Schlummer die kleinen Augenlider schließt.

Und wenn die Millionen Kinder, die in dieser Nacht beteilt worden sind, schon in ihren Bettchen schlummern und ihr Glück sich noch in manchem Traume nachspiegelt und nun von dem hohen Turm des Domes in der großen Stadt die Schläge der zwölften Stunde der Nacht herabgetönt haben, so erschallt das Geläute der Glocken auf allen Kirchtürmen der Stadt und das Geläute ruft die Menschen in die Kirchen zum mitternächtlichen Gottesdienste. Und von allen Seiten wandeln die Menschen in die heiligen Räume. Und in dem hohen gotischen Dome strahlt alles von einem Lichtermeer; und so groß das Lichtermeer ist, das weit und breit in den unteren Räumen des Domes ausgegossen wird, so reicht es doch nicht in die Wölbung empor, in welche die schlanken Säulen oben auseinandergehen, und in jenen Höhen wohnt erhabene Finsternis, die den Dom noch erhabener macht. Der hohe Priester des Domes und die Priesterschaft feiern den Gottesdienst. Und so heilig ist das Fest, daß an diesem, und nur an diesem allein, jeder katholische Priester dreimal das heilige Meßopfer vollbringen darf. Und wenn schon die Baukunst in den zarten Riesengliedern des Domes dem Gottesdienste als Dienerin beigegeben ist, wenn die tiefe Pracht der kirchlichen Gewänder dem Feste Glanz gibt: so tönt auch die Musik in ihren vollen Wellen und in kirchlichem Ernste, von dem Chore tadellos dargestellt, hernieder. Und wenn die heilige Handlung vorüber ist, zerstreuen sich Priester und

Laien, die Lichter werden ausgelöscht und der Dom ragt finster zu dem Monde, wenn er am Himmel scheint, oder zu den Sternen oder gegen die dunklen, schattenden Wolken.

Und wie in dem Dome, so wird in allen Kirchen der großen Stadt mit den Mitteln der Kirche das heilige Mitternachtsfest gefeiert, soweit die Mittel und der Eifer und die Andacht reichen. Und in jeder Kirche ist die gläubige Menge und feiert das Fest.

Wie um Mitternacht in der Weihnacht die Glocken der großen Stadt zum Gottesdienste rufen, so rufen auch in derselben Stunde alle Kirchenglocken der kleineren Stadt, der kleinsten Stadt, des Marktfleckens, des Dorfes, es rufen die Glocken aller Kirchen zu dem heiligen Feste. Und es sind Millionen Tempel, in denen man das Geburtsfest des heiligen Kindes begeht. Und wie die Mitternacht von Osten gegen den Westen herüberrückt, so rückt das Geläute von Osten gegen den Westen, bis es an das Meer kommt. Dort macht es eine Pause und beginnt nach einigen Stunden jenseits des Ozeans.

Am nächsten Tag haben die Menschen ihre festlichen Gewänder an, es ist Weihnachtstag. Der Taggottesdienst wird noch gehalten und in der ärmsten Hütte wird auf den Mittagstisch gestellt, was die Kräfte vermögen. Und wie an diesem Tage das Heil in die Welt gekommen ist, so wird von ihm an auch wie zur Versinnbildlichung der Winter, wenn gleich kälter, doch klarer, die Tage wachsen und alles zielt auf ein fröhliches Auswärts."

Peter Rosegger

Einer Weihnacht Lust und Gefahr

Seiner erfolgreichen Sammlung *Waldheimat* (1877), deren Weihnachtsgeschichten bis heute zu den populärsten dieses Genres zählen, stellte Peter Rosegger, der Chronist alten bäuerlichen Lebens, ein Vorwort voran, das er mit dem Ausruf „Kindsheimat!" einleitete – der Blick zurück in die Vergangenheit, Erinnern und Träumen werden zu einem Schatz erklärt, der „unverlierbar und unzerstörbar" ist; die Erinnerung an Weihnachten rückt in den Vordergrund. Erinnert wird von jener Generation, die Weihnachten bereits im neuen Gewand – als Kinderfest mit Christbaum und Bescherung – erlebt hat. Ein nostalgisch-sentimentales Element tritt zu Texten, das bald aus den Weihnachtsgeschichten der Zeit nicht mehr wegzudenken ist.

In unserer Stube, an der mit grauem Lehm übertünchten Ofenmauer, stand jahraus, jahrein ein Schemel aus Ahornholz. Er war immer glatt und rein gescheuert, denn er wurde, wie die anderen Stubengeräte, jeden Samstag mit feinem Bachsande und einem Strohwisch abgerieben. In der Zeit des Frühlings, des Sommers und des Herbstes stand dieser Schemel leer und einsam in seinem Winkel, nur zur Abendzeit zog ihn die Ahne etwas weiter hervor, kniete auf denselben hin und verrichtete ihr Abendgebet. Als aber der Spätherbst kam mit den langen Abenden, an welchen die Knechte in der Stube aus Kienscheitern Leuchtspäne kloben, und die Mägde sowie auch meine Mutter und Ahne Wolle und Flachs spannen, und als die Adventszeit kam, in welcher an solchen Span- und Spinnabenden alte Märchen erzählt und geistliche Lieder gesungen wurden, da saß ich beständig auf dem Schemel am Ofen.

Aber die langen Adventnächte waren bei uns immer sehr kurz. Bald nach zwei Uhr begann es im Hause unruhig zu werden. Oben auf dem Dachboden hörte man die Knechte, wie sie sich ankleideten und umhergingen, und in der Küche brachen die Mägde Späne ab und schürten am Herde. Dann gingen sie alle auf die weite Tenne zum Dreschen.

Auch die Mutter war aufgestanden und hatte in der Stube Licht gemacht; bald darauf erhob sich der Vater und sie zogen Kleider an, die nicht ganz für den Werktag und auch nicht ganz für den Feiertag waren. Dann sprach die Mutter zur Ahne, die im Bette lag, einige Worte, und wenn ich, erweckt durch die Unruhe, auch was sagte, so gab sie mir zur Antwort: „Sei du nur schön still und schlaf!" – Dann zündeten meine Eltern eine Laterne an, löschten das Licht in der Stube aus und gingen aus dem Hause. Ich hörte noch die äußere Türe gehen und ich sah an den Fenstern den Lichtschimmer vorüberflimmern und ich hörte das Ächzen der Tritte im Schnee und ich hörte noch das Rasseln des Kettenhundes. – Dann wurde es ruhig, nur war das dumpfe, gleichmäßige Pochen der Drescher zu vernehmen, dann schlief ich wieder ein.

Der Vater und die Mutter gingen in die mehrere Stunden entfernte Pfarrkirche zur Rorate. Ich träumte ihnen nach, ich hörte die Kirchenglocken, ich hörte den Ton der Orgel und das Adventlied: Maria, sei gegrüßet, du lichter Morgenstern! Und ich sah die Lichter am Hochaltare, und die Engelein, die über demselben standen, breiteten ihre goldenen Flügel aus und flogen in der Kirche umher, und einer, der mit der Posaune über dem Predigtstuhl stand, zog hinaus in die Heiden und in die Wälder und blies es durch die ganze Welt, daß die Ankunft des Heilandes nahe sei.

Als ich erwachte, strahlte die Sonne schon lange zu den Fenstern herein und draußen flimmerte der Schnee, und die Mutter ging in der Stube umher und war in Werktagskleidern und tat häusliche Arbeiten. Das Bett der Ahne neben dem meinigen war auch schon geschichtet und die Ahne kam nun von der Küche herein und half mir die Höschen anziehen und wusch mein Gesicht mit kaltem Wasser, daß ich aus Empfindsamkeit zugleich weinte und lachte. Als dieses geschehen war, kniete ich auf meinen Schemel hin und betete mit der Ahne den Morgensegen:

In Gottes Namen aufstehen,
Gegen Gott gehen,
Gegen Gott treten,
Zum himmlischen Vater beten,
Daß er uns verleih'
Lieb' Englein drei:
Der erste, der uns weist,
Der zweite, der uns speist,
Der dritte, der uns behüt' und bewahrt,
Daß uns an Leib und Seel' nichts widerfahrt.

Nach dieser Andacht erhielt ich meine Morgensuppe, und nach derselben kam die Ahne mit einem Kübel Rüben, die wir nun zusammen zu schälen hatten. Ich saß dabei auf meinem Schemel. Aber bei dem Schälen der Rüben konnte ich die Ahne nie vollkommen befriedigen; ich schnitt stets eine zu dicke Schale, ließ sie aber stellenweise doch wieder ganz auf der Rübe. Wenn ich mich dabei gar in den Finger schnitt und gleich zu weinen begann, so sagte die Ahne immer sehr unwirsch: „Mit dir ist wohl ein rechtes Kreuz, man soll dich frei hinauswerfen in den Schnee!" Dabei verband sie mir die Wunde mit unsäglicher Sorgfalt und Liebe. So vergingen die Tage des Advents, und ich und die Ahne sprachen immer häufiger und häufiger von dem Weihnachtsfeste und von dem Christkinde, das nun bald kommen werde.

Je mehr wir dem Feste nahten, um so unruhiger wurde es im Hause. Die Knechte trieben das Vieh aus dem Stalle und gaben frische Streu hinein und stellten die Barren und Krippen zurecht; der Halterbub striegelte die Ochsen, daß sie ein glattes Aussehen bekamen; der Futterbub mischte mehr Heu in das Stroh als gewöhnlich und bereitete davon einen ganzen Stoß in der Futterkammer. Die Kuhmagd tat das gleiche. Das Dreschen hatte schon einige Tage früher aufgehört, weil man durch den Lärm die nahen Feiertage zu entheiligen glaubte.

Im ganzen Hause wurde gewaschen und gescheuert, selbst in die Stube kamen die Mägde mit ihren Wasserkübeln und Strohwischen und Besen hinein. Ich freute mich immer sehr auf dieses Waschen, weil ich es gern hatte, wie alles drunter und drüber gekehrt wurde, und weil die Heiligenbilder im Tischwinkel, die braune Schwarzwälder Uhr mit ihrer Metallschelle und andere Dinge, die ich immer sonst nur von der Höhe zu sehen bekam, herabgenommen und mir näher gebracht wurden, so daß ich alles viel genauer betrachten konnte. Freilich war nicht erlaubt, dergleichen Dinge anzurühren, weil ich noch zu ungeschickt und unbesonnen dafür wäre und die Gegenstände leicht beschädigen könne. Aber es gab doch Augenblicke, da man im eifrigen Waschen und Reiben nicht auf mich achtete.

In einem solchen Augenblick kletterte ich einmal über den Schemel auf die Bank und von der Bank auf den Tisch, der aus seiner gewöhnlichen Stellung gerückt war und auf dem die Schwarzwälder Uhr lag. Ich machte mich an die Uhr, von der die Gewichte über den Tisch hingen, sah durch ein offenes Seitentürchen in das messingene, sehr bestaubte Räderwerk hinein, tupfte einige Mal an die kleinen Blätter des Windrädchens und legte die Finger endlich selbst an das Rädchen, ob es denn nicht gehe; aber es ging nicht. Zuletzt rückte ich auch ein wenig an einem Holzstäbchen, und als ich das tat, begann es im Werk fürchterlich zu rasseln. Einige Räder gingen langsam, andere schneller und das Windrädchen flog, daß man es kaum sehen konnte.

Und Christnacht ist ausgebreitet über die ganze Welt …

Ich war unbeschreiblich erschrocken, ich kollerte vom Tisch über Bank und Schemel auf den nassen, schmutzigen Boden hinab; da fasste mich schon die Mutter am Röcklein. Das Rasseln in der Uhr wollte gar nicht aufhören, und zuletzt nahm mich die Mutter mit beiden Händen und trug mich in das Vorhaus und schob mich durch die Tür hinaus in den Schnee und schlug die Türe hinter mir zu. Ich stand wie vernichtet da, ich hörte von innen noch das Greinen der Mutter, die ich sehr beleidigt haben mußte, und ich hörte das Scheuern und Lachen der Mägde, und noch immer das Rasseln der Uhr. Als ich eine Weile dagestanden und geschluchzt hatte, und als gar niemand gekommen war, der Mitleid mit mir gehabt hätte, ging ich nach dem Pfade, der in den Schnee getreten war, über den Hausanger und über das Feld dem Walde zu. Ich wußte nicht, wohin ich wollte, dachte auch nicht weiter daran.
Aber ich war noch nicht zu dem Walde gekommen, als ich ein grelles Pfeifen hörte. Das war das Pfeifen der Ahne. „Wo willst du denn hin, dummes Kind?", rief sie, „wart', wenn du so im Wald herumlaufen willst, so wird dich schon die Mooswaberl abfangen, wart' nur!"
Auf dieses Wort kehrte ich augenblicklich um gegen das Haus, denn die Mooswaberl fürchtete ich sehr.
Ich ging aber immer noch nicht hinein, ich blieb im Hofe stehen, wo der Vater und zwei Knechte gerade ein Schwein aus dem Stalle zogen, um es abzustechen. Über das ohrenzerreißende Schreien des Tieres und über das Blut, das ich nun sah und das eine Magd in einem Topf auffing, vergaß ich das Vorgefallene, und als der Vater im Vorhaus das Schwein abhäutete, stand ich schon wieder dabei und hielt die Zipfel der Haut, die er mit einem großen Messer von dem speckigen Fleisch immer mehr und mehr lostrennte. Als später die Eingeweide herausgenommen waren und die Mutter Wasser in das Becken goß, sagte sie zu mir: „Geh' weg da, sonst wirst du ganz angespritzt!"
Aus diesen Worten entnahm ich, daß die Mutter mit mir wieder versöhnt sei, und nun war alles gut, und als ich in die Stube kam, um mich zu erwärmen, stand da alles an seinem gewöhnlichen Platz. Boden und Wände waren noch feucht, aber rein gescheuert, und die Schwarzwälder Uhr hing wieder an der Wand und tickte. Und sie tickte viel lauter und heller durch die neu hergestellte Stube, als früher.
Endlich nahm das Waschen und Reiben und Glätten ein Ende, im Hause wurde es ruhiger, fast still, und der Heilige Abend war da. Das Mittagsmahl am Heiligen Abend wurde nicht in der Stube eingenommen, sondern in der Küche, wo man das Nudelbrett als Tisch eignete und sich um dasselbe herumsetzte und das einfachste Fastengericht still, aber mit gehobener Stimmung verzehrte.
Der Tisch in der Stube war mit einem schneeweißen Tuche bedeckt, und vor dem Tische stand mein Sche-

mel, auf welchen sich zum Abendmahl, als die Dämmerung einbrach, die Ahne hinkniete und still betete. Mägde gingen leise durch das Haus und bereiteten ihre Festtagskleider vor und die Mutter tat in einen großen Topf Fleischstücke, goß Wasser daran und stellte ihn zum Herdfeuer. Ich schlich in der Stube auf den Zehenspitzen herum und hörte nichts als das lustige Prasseln des Feuers in der Küche. Ich blickte auf meine Sonntagshöschen und auf das Jöppel und auf das schwarze Filzhütlein, das schon an einem Nagel der Wand hing, und dann blickte ich durch das Fenster in die hereinbrechende Dunkelheit hinaus. Wenn kein ungünstiges Wetter eintrat, so durfte ich in der Nacht mit dem Großknecht in die Kirche gehen. Und das Wetter war ruhig und es würde auch, wie der Vater sagte, nicht allzu kalt werden, weil auf den Bergen Nebel liege.

Unmittelbar vor dem „Rauchengehen", in welchem Haus und Hof nach alter Sitte mit Weihwasser und Weihrauch besegnet wird, hatten der Vater und die Mutter einen kleinen Streit. Die Mooswaberl war dagewesen, hatte glückselige Feiertage gewünscht und die Mutter hatte ihr für den Festtag ein Stück Fleisch geschenkt. Darüber war der Vater etwas ungehalten; er war sonst ein Freund der Armen und gab ihnen nicht selten mehr, als unsere Verhältnisse es erlauben wollten, aber der Mooswaberl sollte man seiner Meinung nach kein Almosen reichen. Die Mooswaberl war ein Weib, das gar nicht in die Gegend gehörte, das unbefugt in den Wäldern umherstrich, Moos und Wurzeln sammelte, in halbverfallenen Köhlerhütten Feuer machte und schlief. Daneben zog sie bettelnd zu den Bauernhöfen, wollte Moos verkaufen, und da sie keine Geschäfte machte, verfluchte sie das Leben. Kinder, die sie ansah, fürchteten sich entsetzlich vor ihr, und viele wurden krank; Kühen tat sie an, daß sie rote Milch gaben.

Wer ihr eine Wohltat erwies, den verfolgte sie einige Minuten und sagte ihm: „Tausend und tausend Vergelt's Gott bis in den Himmel hinauf."

Wer sie aber verspottete oder sonst auf irgendeine Art beleidigte, zu dem sagte sie: „Ich bete dich hinab in die unterste Höllen!"

Die Mooswaberl kam oft zu unserem Hause und saß gern vor demselben auf dem grünen Rasen oder auf dem Querbrett der Zaunstiegen, trotz des heftigen Bellens und Rasselns unseres Kettenhundes, der sich gegen dieses Weib besonders unbändig zeigte. Aber die Mooswaberl saß so lange vor dem Hause, bis die Mutter ihr eine Schale Milch, oder ein Stück Brot, oder beides hinaustrug. Meine Mutter hatte es gern, wenn das Weib sie durch ein tausendfaches Vergelt's Gott bis in den Himmel hinauf wünschte. Der Vater legte dem Wunsch dieser Person keinen Wert bei, war er ein Segensspruch oder ein Fluch.

Als man draußen in einem Dorfe vor Jahren das Schulhaus baute, war dieses Weib mit dem Manne in die

Gegend gekommen und hatte bei dem Baue mitgeholfen, bis er bei einer Steinsprengung getötet wurde. Seit dieser Zeit arbeitete sie nicht mehr und zog auch nicht fort, sondern trieb sich herum, ohne daß man wußte, was sie tat und was sie wollte. Zum Arbeiten war sie nicht mehr zu bringen; sie schien geisteskrank zu sein.

Der Richter hatte die Mooswaberl schon mehrmals aus der Gemeinde gewiesen, aber sie war immer wieder zurückgekommen. „Sie würde nicht immer zurückgekommen sein", sagte mein Vater, „wenn sie in dieser Gegend nichts gebettelt bekäme. So wird sie hier verbleiben, und wenn sie alt und krank ist, müssen wir sie auch pflegen; das ist ein Kreuz, welches wir uns selbst an den Hals gebunden haben."

Die Mutter sagte nichts zu solchen Worten, sondern gab der Mooswaberl, wenn sie kam, immer das gewohnte Almosen und heute noch etwas mehr, zu Ehren des hohen Festes.

Darum also war der kleine Streit zwischen Vater und Mutter gewesen, der aber verstummte, als zwei Knechte mit dem Rauch- und Weihwassergefäß in das Haus kamen.

Nach dem Rauchen stellte der Vater ein Kerzenlicht auf den Tisch, Späne durften heute nur in der Küche gebrannt werden. Das Nachtmahl wurde schon wieder in der Stube eingenommen. Der Großknecht erzählte während desselben Weihnachtsgeschichten.

Nach dem Abendmahle sang die Mutter ein Hirtenlied. So wonnevoll ich sonst diesen Liedern lauschte, aber heute dachte ich nur immer an den Kirchgang und wollte durchaus schon das Sonntagskleidchen anziehen. Man sagte, es sei noch später Zeit dazu, aber endlich gab die Ahne meinem Drängen doch nach und zog mich an. Der Stallknecht kleidete sich sehr sorgsam in seinen Festtagsstaat, weil er nach dem Mitternachtsgottesdienst nicht nach Hause gehen, sondern im Dorfe den Morgen abwarten wollte. Gegen neun Uhr waren auch die anderen Knechte und Mägde bereit und zündeten am Kerzenlicht eine Spanlunte an. Ich hielt mich an den Großknecht, und meine Eltern und meine Großmutter, welche daheim blieben, um das Haus zu hüten, besprengten mich mit Weihwasser und sagten, daß ich nicht fallen und nicht erfrieren möge.

Dann gingen wir.

Es war sehr finster, und die Lunte, welche der Stallknecht vorantrug, warf ihr rotes Licht in einer großen Scheibe auf den Schnee und auf den Zaun und auf die Sträucher und Bäume, an denen wir vorüberkamen. Mir kam dieses rote Leuchten, das zudem noch durch die großen Schatten unserer Körper unterbrochen war, grauenhaft vor, und ich hielt mich sehr ängstlich an den Großknecht, so daß dieser einmal sagte: „Aber hörst, meine Joppe mußt du mir lassen, was tät' ich dann, wenn du mir sie abrissest?"

Weihnachten 1913: Noch ist die Welt der k. u. k. Monarchie in Ordnung, das Soldatenspiel kindliches Vergnügen …

Der Pfad war eine Zeitlang sehr schmal, so daß wir hintereinander gehen mussten, wobei ich nur froh war, daß ich nicht der Letzte war, denn ich bildete mir ein, daß dieser unbekannten Gefahren ausgesetzt sein müsse.

Eine schneidende Luft ging, und die glimmernden Splitter der Lunte flogen weithin, und selbst als sie auf die harte Schneekruste niederfielen, glimmten sie noch eine Weile fort.

Wir waren bisher über Blößen und durch Gesträuche und Wälder abwärts gegangen; jetzt kamen wir zu einem Bache, den ich sehr gut kannte, er floß durch die Wiese, auf welcher wir im Sommer das Heu machten. Im Sommer rauschte dieser Bach schön, aber heute hörte man nichts, weil er überfroren war. Auch an einer Mühle kamen wir vorüber, an welcher ich heftig erschrak, weil einige Funken auf das Dach flogen; aber auf dem Dache lag Schnee und die Funken erloschen. Endlich verließen wir den Bach, und der Weg führte aufwärts durch den Wald, in welchem der Schnee seicht lag, aber auch keine feste Kruste hatte.

Dann kamen wir zu einer breiten Straße, wo wir nebeneinander gehen konnten und wo wir dann und wann ein Schlittengeschelle hörten. Dem Stallknecht war die Lunte bereits bis zu der Hand herabgebrannt und er zündete eine neue an, die er vorrätig hatte. Auf der Straße sah man jetzt auch andere Lichter, große rote Fackeln, die heranloderten, als schwämmen sie allein in der schwarzen Luft, und hinter denen nach und nach ein Gesicht und mehrere Gesichter auftauchten, von Kirchengehern, die sich nun auch zu uns gesellten. Und wir sahen Lichter von anderen Bergen und Höhen, die noch so weit entfernt waren, daß wir nicht erkennen konnten, ob sie standen oder sich bewegten.

So gingen wir weiter. Der Schnee knirschte unter unseren Füßen, und wo ihn der Wind weggetragen hatte, da war der schwarze nackte Boden so hart, daß unsere Schuhe an ihm klangen. Die Leute sprachen und lachten viel, aber mir war, als sei das in der heiligen Christnacht nicht recht; ich dachte nur immer schon an die Kirche und wie das doch sein werde, wenn mitten in der Nacht Musik und ein Hochamt ist.

Als wir eine lange Weile auf der Straße fortgegangen und an einzelnen Bäumen und an Häusern vorüber, und dann wieder über Felder und durch den Wald gekommen waren, hörte ich auf den Baumwipfeln plötzlich ein Klingen. Als ich horchen wollte, hörte ich es nicht, bald aber wieder und deutlicher als das erstemal. Es war der Ton des kleinen Glöckleins vom Turme der Kirche. Die Lichter, die wir auf den Bergen und im Tale sahen, wurden immer häufiger und alle schwammen der Kirche zu. Auch die ruhigen Sterne der Laternen schwebten heran und auf der Straße wurde es immer lebhafter. Das kleine Glöcklein wurde durch ein größeres abgelöst und das läutete so lange, bis wir fast nahe der Kirche kamen. – Also war es doch wahr, wie die

Ahne gesagt hatte: Um Mitternacht fangen die Glocken zu läuten an und läuten so lange, bis aus fernen Tälern der letzte Bewohner der Hütten zur Kirche kommt. Die Kirche steht auf einem mit Birken und Schwarztannen bewachsenen Berglein, und um sie liegt der kleine Friedhof, welcher mit einer niederen Mauer umgeben ist. die wenigen Häuser stehen im Tale.

Als die Leute an die Kirche gekommen waren, steckten sie ihre Lunten umgekehrt in den Schnee, daß sie erloschen, nur eine wurde zwischen zwei Steine der Friedhofmauer geklemmt und brennen gelassen.

Jetzt klang auf dem Turme in langsamem, gleichmäßigem Wiegen schon die große Glocke. Aus den schmalen, hohen Kirchenfenstern fiel heller Schein. Ich wollte in die Kirche, aber der Großknecht sagte, es habe noch Zeit, und er blieb stehen und sprach und lachte mit anderen Burschen und stopfte sich eine Pfeife an. Endlich klangen alle Glocken zusammen, in der Kirche begann die Orgel zu tönen und nun gingen wir hinein.

Das sah ganz anders aus wie an den Sonntagen. Die Lichter, die auf dem Altare brannten, waren hellweiße, funkelnde Sterne, und der vergoldete Tabernakel strahlte herrlich zurück. Die Lampe des Ewigen Lichtes war rot. Der obere Raum der Kirche war so dunkel, daß man die schönen Verzierungen des Schiffes kaum sehen konnte. Die dunkeln Gestalten der Menschen saßen in den Stühlen oder standen neben denselben; die Weiber waren sehr in Tücher eingeschlagen und husteten. Viele hatten Kerzen vor sich brennen und sangen aus ihren Büchern mit, als auf dem Chore das Tedeum ertönte. Der Großknecht führte mich durch die zwei Reihen der Stühle gegen einen Nebenaltar, wo schon mehrere Leute standen. Dort hob er mich auf einen Schemel zu einem Glaskasten empor, der, von drei Kerzen beleuchtet, zwischen zwei aufgesteckten Tannenwipfeln stand und den ich früher, wenn ich mit den Eltern in die Kirche kam, nie gesehen hatte. Als mich der Großknecht auf den Schemel gehoben hatte, sagte er mir leise ins Ohr: „So, jetzt kannst das Krippel anschauen." Dann ließ er mich stehen und ich schaute durch das Glas. Da kam ein Weiblein zu mir und sagte leise: „Kind, wenn du das anschauen willst, so muß dir's auch jemand auslegen." Und sie erklärte mir die Dinge, die im Kasten waren.

Außer der Mutter Maria, die über den Kopf ein blaues Tuch geschlagen hatte, das bis zu den Füßen hinabhing, waren alle Gestalten so gekleidet wie ältere Bauern. Der heilige Joseph selbst trug grüne Strümpfe und eine lederne Kniehose. Und in der Krippe lag das nackte Kindlein.

Als das Tedeum zu Ende war, kam der Großknecht wieder, hob mich von dem Schemel und wir setzten uns in einen Stuhl. Dann ging der Kirchenmann herum und zündete alle Kerzen an, die in der Kirche waren, und jeder Mensch, auch der Großknecht, zog nun ein Kerzlein aus dem Sack und zündete es an und klebte es vor sich auf die Bank. Jetzt war es so hell in der Kirche, daß man auch die Verzierungen an der Decke schön sehen konnte.

Auf dem Chore stimmte man Geigen und Trompeten und Pauken, und als an der Sakristeitür das Glöcklein klang und der Pfarrer in strahlendem Meßkleide, begleitet von Ministranten und rotbemäntelten Windlichtträgern, über den purpurnen Fußteppich zum Altare ging, da rauschte die Orgel in ihrem ganzen Vollklang, da wirbelten die Pauken und schmetterten die Trompeten.

Weihrauch stieg auf und hüllte den ganzen lichstrahlenden Hochaltar in einen Schleier. – So begann das Hochamt und so strahlte und tönte und klang es um Mitternacht. Beim Offertorium waren alle Instrumente still, nur zwei helle Stimmen sangen ein liebliches Hirtenlied, und während des Benediktus jodelten eine Klarinette und zwei Flügelhörner langsam und leise den Wiegengesang. Während des letzten Evangeliums hörte man auf dem Chore den Kuckuck und die Nachtigall, wie mitten im sonnigen Frühling.

Tief nahm ich sie auf in meine Seele, die wunderbare Heiligkeit der Christnacht, aber ich jauchzte nicht vor Entzücken, ich blieb ernst und ruhig und fühlte die Weihe. Und während die Musik tönte, dachte ich an Vater und Mutter und Großmutter daheim. Die knien jetzt um den Tisch bei dem einzigen Kerzenlichtlein und beten, oder sie schlafen und es ist finster in der Stube, und nur die Uhr geht, und es liegt tiefe Ruhe über den waldigen Bergen, und Christnacht ist ausgebreitet über die ganze Welt.

Der Ochsen Weissagung

Am Heiligen Abend versorgten die Bauern ihr Stallvieh mit besonderer Aufmerksamkeit. Die Tiere erhielten eine reichliche Maulgabe, meist mit einem Stück Brot, das mit Weihwasser besprengt wurde, und Palmkatzerln sowie frische Streu – wer ansonsten nur Laubstreu verwendete, geizte an diesem Abend nicht mit wunderbar trockenem Stroh. Am Christmorgen ließ man sie vielfach teilhaben am Segen der „heiligen Nacht“: In manchen Kärntner Gegenden gab man ihnen „Wacholderleck“, ein Gemisch aus Gersten- und Bohnenschrot, dem man gedroschene Wacholderzweige beimengte, andernorts „Mettenheu“, das man im Freien gelagert hatte, damit es vom Tau der Christnacht benetzt würde, oder auch ein eigenes Brot, das man aus allen verfügbaren Getreidearten gebacken hatte. In Dietmanns im Waldviertel pflegte man beim Dreschen die letzte Hafergarbe für die Tiere zu Weihnachten aufzusparen.
Am Abend, vor dem gemeinsamen großen Gebet, räucherte man den Stall auch wieder aus, um die bösen Geister fernzuhalten. Man glaubte, dass die Tiere in dieser Nacht für eine oder auch mehrere Stunden die Fähigkeit hätten, in menschlicher Sprache zu reden und sich bei dieser Gelegenheit die Ereignisse des kommenden Jahres erzählen würden. Wer es geschickt anfing und den Heiligen Abend streng als Fasttag eingehalten hatte, konnte, wie die folgende Sage zeigt, die Tiere sogar belauschen und Wichtiges in Erfahrung bringen:

Vor langen Zeiten besaßen die Tiere die Gabe, in der Heiligen Nacht zwischen elf und zwölf mit menschlicher Stimme zu reden. Damals diente bei einem Bauern ein fleißiger und treuer Knecht, der ging einmal zu Weihnachten um halb zwölf in den Stall und legte sich schlafen. Kaum aber hatte er sich zur Ruhe begeben, als einer der beiden Zugochsen zu sprechen begann:
„Morgen muss unser guter Herr sterben. Wenn der Bauer zu Mittag isst, bleibt ihm ein Knochensplitter, der im Kraut liegt, im Hals stecken. So wird er ersticken, und wir müssen ihn auf den Friedhof ziehen.“
„Das wird freilich eine schwere Last für uns sein“, antwortete der zweite Ochse.
Der Knecht hörte deutlich, was die beiden Tiere miteinander redeten, verhielt sich aber ganz still.

Als am nächsten Mittag alle um den Tisch saßen, schnitt sich der Bauer das Fleisch und nahm Kraut auf seinen Teller. Sobald er aber die erste Gabel zum Munde führte, schlug sie ihm der Knecht rasch herab. Der Bauer sah den guten Hansl großmächtig an, dann griff er um die zweite Gabel, doch der Knecht schlug sie wieder herab. „Was machst du denn?", fragte der Bauer. Indes, auch beim dritten Mal konnte er die Speise nicht zum Mund führen. Da sagte er voll Unmut: „Hansl, ich hab dich immer gern gehabt, aber jetzt ist deine Zeit aus, du kannst gehen!"
Nun erst rückte der Knecht mit der Sprache heraus und erzählte, was er in der Nacht vernommen hatte. Da durchsuchten sie das Kraut und fanden richtig ein spitziges Knöchlein darin. Von da ab hielt der Bauer den Hansl wie sein eigen Kind und stattete den treuen Knecht auch noch für die Hochzeit aus.

Für neugierige Mädchen, die gerne etwas über ihr zukünftiges Liebesleben in Erfahrung bringen wollten, bot die Christnacht nach der Thomasnacht eine zweite Chance. Sie konnten in den Hühnerstall gehen, auf die Hühnersteige klopfen und folgenden aus dem Lavanttal überlieferten Spruch sagen:
„Gackert der Hahn, so krieg i an Mann,
gackert die Henn, so woaß i nit wen."
Wem dies zu wenig aussagekräftig war, der konnte es mit einem Apfel versuchen, den er oder sie in die Mette mitnahm. Wer just bei der Wandlung in diesen Apfel biss, anschließend schweigend nach Hause ging und sich am Christmorgen vor das Haustor stellte, durfte damit rechnen, dass der oder die Zukünftige des Weges kommen würde. Anstrengender war ein weiterer Orakelbrauch, der vorsah, vom Heiligen Abend an die drei folgenden Nächte durchzuwachen – in der vierten Nacht ohne Schlaf sollte das Bild der Braut oder des Bräutigams vor dem geistigen Auge erscheinen.

Vom grünen Kohl und den Hexen

In der Christnacht, so berichtet eine uralte Überlieferung, müsse man grünen Kohl aus dem Garten des dritten Nachbars holen und jedem Tiere im Stall davon geben, das schütze gegen Hexerei.
Kocht man hingegen zum Christfest grünen Kohl, nimmt man den Kochlöffel, womit derselbe gerührt worden, und begibt sich damit, jedoch unter der Schürze verborgen, an die Kirchtür zu der Zeit, wo der Geistliche das Vaterunser spricht, so könne man die „Hexen" des Orts sehen. Erkennen würde man sie an ihrer

sonderbaren, sonst unsichtbaren Kopfbedeckung; doch dürfe man nur Augenblicke verweilen, weil man sonst in Gefahr komme, vom Bösen bedroht und verfolgt zu werden.

Das Zauberkraut

Im Dunkel des Waldes auf einsamen Bergeshöhen, so glaubte man schon im Mittelalter, wachse ein Kraut, das allen Zauber löst. Wo ein anderer nur einen Haufen glühender Kohlen erblickt, sieht der Besitzer des Krautes blankes Gold – und was immer das Kraut berührt, ist der Gewalt der Erdgeister entzogen. Darum bewachen diese auch das Kraut, und obwohl sie nicht imstande sind, das Abbrechen der Pflanze zu verhindern, so wissen sie doch dem, der sie sucht, so vielen Spuk in den Weg zu werfen, dass er nur selten zu seinem Ziel gelangt. Und das Kraut ist nur einmal im Jahr, in der heiligen Christnacht, während es zwölf Uhr schlägt, zu brechen, und es darf der, welcher es holt, auf dem Wege nicht angeschrien werden und er muss stumm bleiben, bis er zu Hause angekommen ist.

Vergessene Welt der Krippenspiele

Untrennbar verbunden mit der Weihnachtswelt von anno dazumals und heute zur fernen Legende geworden ist die Tradition des Krippenspiels. Besonders heiß geliebt wurden die fantasievollen Darbietungen dieser – oft mit aufwendigen und komplizierten Mechanismen ausgestatteten – „Theater" von den Kindern, die – glaubt man den Quellen – mit großer Begeisterung dem in Bild und Pantomime eindrucksvoll präsentierten biblischen Geschehen folgten.
Ursprünglich hatte das „Krippelspiel" nichts mit mechanischen Effekten zu tun – die Krippen, die man mit Beginn des Advents aufzustellen pflegte, wurden so wie überall mit unbeweglichen, mehr oder minder dekorativ gestalteten Figuren arrangiert; in einer Zeit, in der es noch keinen Christbaum gab, konzentrierte sich alles auf diese plastische Vergegenwärtigung des Weihnachtsmysteriums. Allmählich, zu Beginn des 18. Jahrhunderts, wurden die Krippen lebendig, findige Künstler entdeckten immer neue Möglichkeiten für überraschende „Spezialeffekte". Auch das barocke Wien stand hierin nicht zurück: So berichtet das *Wiener Diarium* im Jahre 1716 von einem „sehr schönen Krippelein" in der Pfarrkirche zu St. Anna und den vierzehn Nothelfern in Lichtenthal, „in welchem neben einer hochspringenden Wasserkunst, Fisch-Teicht und durchs Wasser getribener Stämpff-Mühlen, ein aus dem Gewölk mit dem Gloria in excelsis Deo herabfliegender Engel und allerhand andere sich bewegende Figuren, auch alle Geheimnussen der Kindheit Christi durch den Licht-Schatten künstlich vorgestellet" würden.
Wie mühsam Konzeption und Bau eines solchen Krippenspiels auch sein mochten, wie teuer die Requisiten – das Geschäft mit der theatralisch inszenierten Szenerie florierte hervorragend, und die Investitionen wurden meist schnell zurückverdient. Geschickte Marionettenspieler verstanden es, die verblüffenden mechanischen Effekte in originelle Handlungsabläufe zu kleiden, die vom neugierigen Publikum entsprechend beklatscht wurden. Gleichsam zur Institution unter den Wiener Krippenspielen wurde jenes der „Frau Godel"

in der Lerchenfelder Straße 48 – selbst Mitglieder des Hofs sollen sich hier – in der tiefsten Vorstadt – diesem speziellen Wiener Weihnachtsvergnügen hingegeben haben. Wer war aber nun die „Frau Godel“, der Wien eine solch singuläre Attraktion verdankte? Emil Karl Blümml und Gustav Gugitz, die beiden Altmeister der Wiener kulturgeschichtlichen Forschung, stellten in ihrer Monographie über Alt-Wiener Krippenspiele die Details zu ihrer Person zusammen: Barbara Müller (1711–1789), die Gattin eines Richters und Strumpfwirkers, führte ihr Krippenspiel in der damaligen „Strozzischen Hauptstraße“ im Haus „Zum goldenen Adler“ von 1748 bis 1786 ohne Unterbrechung. Diese Leistung wiegt umso schwerer, als die öffentliche Meinung in maria-theresianischer Zeit über die Krippenspiele zunächst nicht die beste war – die Marionettenkünstler standen in dem Ruf, mitunter auch derbe Späße und Zoten in ihre Vorführungen aufzunehmen, um nur genug Publikum anzulocken. Barbara Müller ließ sich von diesen Diskussionen um ihre Kunst offensichtlich nicht beirren und konnte 1774 ihr Krippenspiel erstmals hochoffiziell im *Wiener Diarium* ankündigen: „Es wird allen hoh- und niedern Standes resp. Liebhabern zu wissen gemacht: daß mit Bewilligung einer hohen, geist- und weltlichen Obrigkeit die durch verschiedene Jahre bei dem k. k. Hofe produzierte Krippe vom 4. Dezember an bis zu Ende der Faßnacht täglich um 2 Uhr, an Sonn- und Feiertägen aber etwas später angefangen und bis späten Abend continuiert, im alten Lerchenfeld beim goldenen Adler wird vorgestellet werden. Auch werden einige, noch nie gesehene Stücke zum Vorschein kommen, welche den resp. Zusehern vollkommenes Vergnügen verschaffen werden“ – ein Versprechen, das die geschäftstüchtige Frau Godel wohl auch halten konnte: Für 1777 melden die zeitgenössischen Quellen, dass sie bereits 31 Maschinen in ihr Krippenspiel integriert habe und den Spielplan weiter ausbaue – der Höhepunkt des Erfolgs war erreicht, ihr „Theater“ zur Institution geworden.

1786 verkaufte Barbara Müller das Krippenspiel – aus gesundheitlichen Gründen, vermutlich aber auch unter dem zunehmenden Druck der josefinischen Kritik, wobei sich Joachim Perinet besonders hervortat – an einen Kaffeesieder namens Johann Lang, der mit dem Unternehmen in die Lerchenfelder Straße 38, damals Strozzische Hauptstraße 7, übersiedelte und es unter dem Namen „Zur Frau Godel“ tatkräftig weiterführte. Von Lang, der 1803 starb, übernahm 1801 der Krippenspieler Josef Schweger (Schwäger) das Haus; unter den Gästen im Dezember 1801 war auch Joseph Richter, der Autor der berühmten Eipeldauerbriefe. Richter über seine Eindrücke bei der Frau Godel: „Da bin ich die Täg in Krippelspiel gwesen und da wars zum Erdrucken voll. Sie müssen ein guten Maschinmaster haben; denn d'Verwandlungen gehn wie der Wind und es bleibt nichts stecken. – Auf d'letzt kommt sogar ein Ballet vor, bei dem können sich aber

Schon Ende des 19. Jahrhunderts war das „Krippentheater" eine „alte Sehenswürdigkeit": Anschlagzettel des Altlerchenfelder Krippenspiels von Adolf Kollarz.

d'Schneider nicht viel machen; denn d'Kleider von Tanzerkorps sind schon seit drei Jahrn d'nämlichen und d'hölzernen Mandeln müssen ein Bissl delikater damit umgehn als unsre Lebendigen; denn sie sind noch alle funkelneu. Aber mir hat nichts besser g'falln, als d'allgemeine Stille von Zuschauern. Allein, das geht ganz natürlich zu; denn im Krippelspiel gibts ja keine Loschen; und wenn die klein Kinder was z'sehn habn, so halten sie sich immer ruhiger als die großen Kinder." Der wie immer etwas krampfhaft originell sein wollende Bericht des Eipeldauers bestätigt immerhin, dass die Anziehungskraft des Krippenspiels auf die Wiener auch zu Beginn des 19. Jahrhunderts ungebrochen war und das Publikum sich tatsächlich zum Großteil aus Kindern rekrutierte. Diese erstaunliche Konjunktur des Krippenspiels in Wien sollte sich noch einige Jahrzehnte lang fortsetzen, zahlreiche Unternehmen sind für diese Zeit bezeugt.

1806 kaufte ein gewisser Maximilian Sedelmayer einen Teil der Maschinen Schwegers und eröffnete damit unter dem Namen der „Frau Godel" ein Krippenspiel in der Siebensterngasse 33, damals Neubau Nr. 162, ein Ort, der den Wienern als „Holzplatzl" bekannt war. Hier existierte das legendäre Theater noch bis in die Zeit um 1850; ein seltsames Schicksal wurde den berühmten Maschinen der Frau Godel zuteil, die über hundert Jahre lang die Bevölkerung Wiens bestens unterhalten hatten: Sie wurden abgebaut und nach Amerika verschifft, wo man sie als unnützen Ballast im Mississippi versenkte.

Noch aber war das Alt-Wiener Krippenspiel nicht gänzlich tot: Bereits 1835 hatte der akademische Zimmermaler Karl Schönbrunner in der Lerchenfelder Straße 23 ein neues Krippenspiel eröffnet, das sich bald großer Popularität erfreute; unter den späteren Besitzern, dem Volkssänger Adolf Kollarz und der Varietédirektrice Paula Baumann, wurden in diesem Institut die „schönen und rührenden Überlieferungen einer volkstümlich so wertvollen Kunst" (Blümml/Gugitz) bis zum Jahre 1913 aufrecht erhalten – dann musste sich auch dieses letzte Refugium Alt-Wiener Weihnachtstradition der übermächtigen Konkurrenz des Kinos geschlagen geben. Figuren, Maschinen und Dekorationen wurden nach dem Ersten Weltkrieg zum Großteil zerstört und als Brennmaterial genutzt.

Schon1893 hatte Alexander Tille in seiner *Geschichte der Deutschen Weihnacht* diesen Untergang von Krippe und Krippenspiel, der, wie er es nannte, „Reste einer niedergegangenen Weltanschauung", vorausgesagt – im „modernen", säkularisierten Bild von Weihnachten, dem national verbrämten Familienfestkitsch, war für barocke Volksfrömmigkeit kein Platz mehr.

Anonym

O mein allerliebstes Jesulein

Anno 1686, 3 Jahre nach den Schrecken der Zweiten Türkenbelagerung, wurde bei der Hofbuchdruckerin seiner Römisch-Katholischen Majestät Susanne Christina Cosmerovin ein Werk in Auftrag gegeben, das unter dem Titel *Erliche Gemüths-Erquickungen* … den Lesern und Leserinnen seelischen Beistand für alle möglichen Gelegenheiten versprach. Ein Weihnachtslied durfte in dieser erbaulichen Sammlung natürlich nicht fehlen – in inbrünstigen, wortreich-barocken Versen wird das Kind in der Krippe als Erlöser beschworen, nachdrücklich konzentriert sich der Text auf das Verhältnis des Menschen zu ihm – das Weihnachtsmysterium erfüllt sich im Anblick des Kindes, Gefühle, nicht Geschenke, richten sich ausschließlich auf das Jesukind; nachdrücklich sichert diesem der Text in einer Art Treuversprechen jene große unverbrüchliche Liebe zu, die der gläubige Mensch seinem Gott schuldig zu sein meint.

In einer Zeit, in der das Aufstellen einer Krippe mit dem Beginn des Advents die zentrale festtägliche Symbolhandlung war, kam Krippenliedern dieser Art die Funktion zu, das im „Krippelspiel" anschaulich dargebotene Ereignis in Worte zu fassen, sie boten religiösen Kommentar und Handlungsanweisung zugleich, formulierten das, worauf es dem gläubigen Christen ankommen sollte.

O mein allerliebstes Jesulein,
Wie hart hat man di beth,
Viel zu schlecht ist dieses Krippelein
Der höchsten Majestät.
Du Herr und Gott sollst leiden Noth,
Mein Hertz vor Lieb mir schon gantz vergeht.

O mildreichstes Kind, ligst auff dem Heu
Ein Herr der gantzen Welt
Ligst in Elend und Armuthey

Ein Gott, der all erhelt
In Kinds-Gestalt bist ewig alt,
Dein Zeit und Jahr hat niemand gezelt.

Unaussprechlich leidt das zarte Kind,
Doch klagen kan es nicht,
Dringen durch den Leib die kalten Wind',
Der scharpffe Luft einbricht:
Ohn Hülff und Trost fließen vor Frost
Die nasse Äuglein im Angesicht.

Hast du doch zuvor wohl kennt das Land,
Wie wild man procediert,
Wer dir auch der Menschen Art bekand,
Wie hast du dann verirrt.
Was geschehen ist, hab alls vorgwist
O Lieb, o Lieb, du hast ihn verführt.

O Hertzliebes Kind, du edler Schatz
Schön über Engels Zier,
Hast dann in der weiten Statt kein Platz
Kein Winckel zum Quartier.
Mein Hertz nimb an, darinnen wohn,
Sey du hinfüro das Hertz in mir.

Denn ich alles hab, wann ich dich hab
Von dir ich mich nicht wend,
Gib, dass ich dich lieb bis in mein Grab,
Dann stirb ich wohl content
O dass ich mög ewig sein.
Die Lieb soll haben kein Zill und End.

Joachim Perinet

Über das Krippenspiel

Im 3. Heft seiner Ärgernisse nahm Joachim Perinet auch die seltsame Lust der Wiener an den Krippenspielen aufs Korn nahm. Er, der später in seinen Lokalstücken, Zauberspielen und Kasperliaden, in Parodien und Travestien sehr erfolgreich volkstümliche Nähe suchte, wollte – in gut aufklärerischer Manier – diese „geistlichen Komödien“ als scheinheilige Harlekinaden entlarvt wissen.

Schon seit mehreren Jahren unterhält um die Advent- oder Fastenzeit ein Strumpfwirker oder die sogenannte Frau Goddel (Frau Pathe) in einer der verrufensten Vorstädte, durch eine privilegierte Ungeschicklichkeit, das kindische Publikum für Geld mit kleinen Figuren, die gar unvergleichlich biblische Geschichten und Religionsgeheimnisse im Diminutivo vorpantomieren. – Wenn dieses Spielwerk bloß das Spektakel des Kindes wäre, so würde ich vielleicht schweigen, aber das Gedränge von erwachsenen Fratzen, die an Festtagen stromweise gefahren und geritten oder auf eigenen Hufen diesen Schauplatz besuchen, scheint mir greulich ärgerlich. – Unter dem Deckmantel des Krippenspieles führt der Amant sein zwanzigjähriges Kind zu diesem belehrenden Religionsspiegel, eine andächtige Zuseherin dieser Kinderei und eine geduldige Zuhörerin seiner frommen Seufzer abzugeben und der liebe blauäugigte Fratze findet das meiste Vergnügen bei der Vorstellung der Hochzeit in Galilea, die das Jüngferchen bald in Wien solemniter zu feiern hoffet. Ein kleines Tänzchen, einige heilige Ausdrücke voll warmer Begeisterung auf den lieblichen Korallenmund der Schönen, die Gespräche und Empfindungen in einem bequemen Wagen, der das entzückte Paar nach Hause schaukelt, haben so viel Einfluß auf ihre zarten Nerven, daß sie nun sonntäglich die liebe Frau Mama um die Erlaubnis quält, ins Krippenspiel gehen zu dürfen, weil die kleinen Figuren gar so spassig sind. – Auch kleinere Seelen finden vor Anfang und nach Endigung dieser geistlichen Komödie ihre Befriedigung in einem angrenzenden Bierhause oder einer benachbarten Weinschänke, von denen einige taumelnd in dem Zwischenraume das Publikum mit Zoten unterhalten oder auf dem finstern Hinterplatze sich nicht gar zu auferbaulich betragen. – Was mich betrifft, so find ich es bei unsern Zeiten für widersinnig und schändlich, solche ehrwürdige Gegenstände zur Kreuzerbude herabzuwürdigen und durch einen dolmetschenden Hanswurst auslegen zu lassen. – Wenn es anders ein Kunststück sein soll, so hat man sich weidlich satt daran (gesehen) und es kann zuverlässig nicht die Neugierde, die sonst die Wiener entschuldigte, sondern es muß eine Gewohnheit sein, die zu tausend Ausschweifungen Gelegenheit gibt, und darum so fleißig gehandhabt wird. – Man bewahre dieses strumpfwirkerische Heiligtum an einem besondern Orte, um es von Künstlern bewundern zu lassen, wenn es der Mühe wert ist, es unter die mittelmäßigen Handarbeiten zu zählen! Man mach es sich wenigstens zum Gesetz, die Religion zu keiner Harlekinade zu erniedrigen, da es ohnehin so viele Religionsschneider gibt, die ihr diese Jacke an den Leib geworfen haben! Man zerstöre diesen Schlupfwinkel, den nur sein Name und das verjährte Herkommen dulden machte, und hebe ein Aergernis aus dem Wege, das nur ein Blendwerk der Verehrung ist.

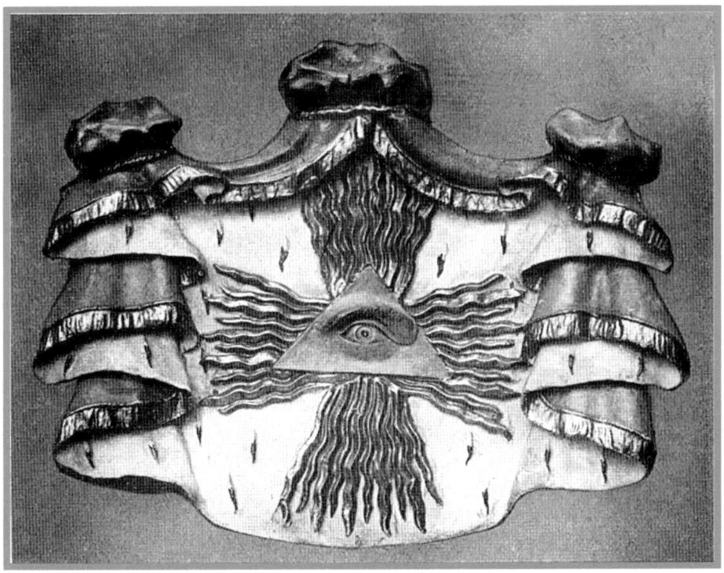

Ein letztes Relikt langer Tradition:
das „Auge Gottes“ aus dem Altlerchenfelder Krippenspiel.

Joseph Richter

An das Krippenspiel

In dasselbe Horn wie Perinet stößt auch der „Eipeldauer" Joseph Richter in einem Gedicht, das 1802 im *Neuesten Moden Almanach* auf das Jahr 1802 erschien und die Frau Godel verdächtigt, ein Treffpunkt nicht nur frommer Frauen und Kinder, sondern auch so manch „ausschweifender" Männer zu sein.

Zur Mode ist es euch geworden,
Daß man hinaus in ganzen Horden
Alljährlich zur Frau Godel geht;
Sonst ließ man nur die Kinder gehen,
Doch wollens jetzt die Großen sehen,
Weil Kindereien gern man sieht.
Man gibt dort Rendezvous im Stillen,
Denn wer geht um der Krippe willen;
Nur dort und da ein altes Weib
Sucht Andacht in dem Zeitvertreib.
So mancher treibt hier Spöttereien,
So mancher sucht sich zu zerstreuen,
Der Ehemann führt seine Rippe
Und der sein Mädchen in die Krippe.

Karl Gebhardt

Ein Besuch im Altlerchenfelder Krippenspiel

Die folgende Schilderung Karl Gebhardts gibt einen guten Eindruck von der letzten Blütezeit des Wiener Krippenspiels unter Adolf Kollarz, der das Haus von 1877 bis 1913 leitete. Nach seinem gesundheitsbedingten Rückzug – Kollarz starb 1915 – wurde der Spielbetrieb eingestellt und Paula Baumann Alleininhaberin des traditionsreichen Unternehmens, es kam jedoch zu keiner Neueröffnung des Krippenspiels mehr; 1920 erfolgte die endgültige Liquidation.

Im „Edelhaimb-Haus" in der Neustiftgasse war heut ein großes Aufsehen. Stellt euch doch vor: Der Tischlermeister, der Kienast, der Herr von Kienast, ist mit seiner ganzen Familie ins Krippenspiel und hat dem Hausmeister den Wohnungsschlüssel übergeben, „im Fall was vorkommt".
Der Kienast kann ruhig sein; es wird nichts vorkommen; der alte Schücktanz laßt niemand ins Haus hinein, der nicht hineingehört. Das muß ja was ganz Besonderes sein, was man jetzt im Altlerchenfelder Krippenspiel zu sehen kriegt, wenn der Herr Kienast auf sein Mittagsschlaferl und sein Kaffeehaus verzichtet! Ja, gar der Hausherr, der Herr von Edelhaimb, der Hendelkramer, war am vorigen Donnerstag dort; und er hat die Vorstellung über den grünen Klee gelobt: die neue Ausstattung, die schönen neuen Figuren! Und der jetzige Eigentümer des Theaters, der Kollarz, gibt gar ein jedesmal „Die Jahreszeiten" drauf, wie früher einmal die Frau Godl in der Siebensterngasse!
Das Altlerchenfelder Krippenspiel ist in dem Durchhaus untergebracht, das von der Neustiftgasse Nr. 26 auf die Lerchenfelderstraße Nr. 23 führt. Hier wie dort ist in der halben Höhe des ersten Stockwerks gleich neben dem Tore ein lebensgroßer, mit Ölfarbe bunt bemalter Engel angebracht, der ein faltiges, weißes Band mit der Aufschrift „Krippenspiel" in Händen hält. Der lange, schmale Hof und ein dunkler Gang sind durchschritten, der Eintritt ist bezahlt: Wir sind im Theater.

In dem nicht besonders großen Zimmer sind sanft ansteigende Bretterlagen, die „Pablatsche“ eingebaut, so daß gerade noch das Klavier und eine Reihe Sessel auf ebenem Boden stehen. Die anderen „Sitze“ befinden sich auf ganz einfachen Bänken ohne Rückenlehne; sie sind nur längs der Wände zugänglich. Die Bühne, etwa einen Meter hoch und eineinhalb Meter breit, ist gegenüber der Tür; zur Rechten sind zwei Fenster, die während der Vorstellung mit Spalettläden geschlossen werden.
Da sitzen nun die Kienastischen auf dem „noblen“ 10-Kreuzer-Platz: der Herr, die Frau, die Wetti, der Karl, der Julius , die Sophie, der Gustl – nur Geduld! die Aufzählung ist noch nicht fertig – das Dienstmädel, die Ottilie, die Köchin, die Resi, und die zwei Lehrbuben, der Schorschl und der Rudl. Die Ottilie und die Resi sitzen auf dem 6-Kreuzer-Platz, die Lehrbuben auf dem dritten Platz, der 4 Kreuzer kostet. Der Saal ist auch diesmal bummvoll wie gewöhnlich, so daß kein Apfel zur Erde fallen kann. Kein Wunder, wenn man bedenkt, daß die Vorstellungen nur vom Advent bis zu den Faschingstagen dauern und doch jeder gebildete Mensch das „mit großen Kosten neu ausgestattete Krippenspiel“ gesehen haben muß, das schon zur Zeit Maria Theresias unter den „Wiener Ergötzlichkeiten“ aufgezählt wird – und jetzt schreiben wir 150 Jahre später.
Ein kurzes Vorspiel und – der Vorhang geht auf. Aber – nicht gleich: Er spießt sich heute wieder einmal beim Aufziehen. Nun, das soll auch schon im großen Theater vorgekommen sein. Und jetzt ist der Vorhang wirklich oben und – ein Engel tritt auf. Ein lieber, herziger, pausbackiger Engel. Er hält eine schöne Ansprache und bereitet die Versammlung auf die wunderbaren Dinge vor, die gleich kommen werden. Und sie kommen richtig!
Zuerst die Geschichte des Alten Testaments: die Erschaffung der Welt, das Paradies, der Sündenfall, Kain und Abel, die Sündflut, die Auserwählung des Abraham, Sodom und Gomorrha, Isaaks Opferung, Jakobs Flucht, Josef wird von seinen Brüdern verkauft, Josefs Erhöhung, Moses wird aus dem Wasser gezogen, der brennende Dornbusch, der Durchgang durch das Rote Meer, der erste Aufenthalt in der Wüste, der Einzug in Jericho, Absalons Strafe, Elias, Daniel in der Löwengrube. Dann das Neue Testament: von der Verkündigung der Geburt Jesu bis zur Himmelfahrt.
Als Draufgabe „Die Jahreszeiten“. Und alles das um so ein Spottgeld! Alle, alle sind heute wieder auf ihre Kosten gekommen, die Großen wie die Kleinen; alle, alle haben die Wunder angestaunt, haben sich gefürchtet, geweint, gelacht und das Klavierspiel bewundert.
Schon am dritten Schöpfungstag, an dem sich Erde und Meer voneinander scheiden, die Blumen, Kräuter emporwachsen, waren die ersten lauten Beifallsrufe zu hören; denn das Wachsen der Pflanzen war wirklich

zu sehen, ja, die Bäume kamen gleich ganz ausgewachsen hervor. Am vierten Tage leuchteten die himmlischen Lichter, Sonne, Mond und Sterne, in den herrlichsten Farben; und gar am sechsten Tage waren alle Tiere, die es nur gibt, mitsamt Adam und Eva zu sehen. Alle lammfromm und verträglich.

Gar, wie die ersten Menschen im Paradiese die erste Sünde begehen, überläuft es alle wie ein kalter Schauer: Die Schlange auf dem Apfelbaum bewegt sich wirklich; der Engel aber, der das unfolgsame Paar vertreibt, hat ein richtiges Flammenschwert. Und die Sündflut! Da kam zuerst die Arche Noah auf dem Meere dahergeschwommen. Und dann sind die Tiere paarweise in die Arche hineinmarschiert: zwei Elefanten, zwei Kamele, zwei Löwen, zwei Tiger, zwei Giraffen, zwei Strauße, zwei Esel, zwei Kinder, zwei Hirsche, zwei Rehe usw. Und auf einmal ist's finster worden; es hat angefangen zum Blitzen und zum Donnern und hat schier nicht mehr aufgehört. Und jetzt hat's geregnet! Wasser geregnet! Wirkliches Wasser! Denen in der ersten Reihe sind auch etliche Tropfen ins Gesicht gespritzt! Und das Meer ist immer höher und höher gestiegen, und die Arche Noah ist vom Sturm nur so hin und her „geschupft" worden ...

Endlich ist's wieder licht worden, das Meer hat sich beruhigt, und der siebenfärbige Friedensbogen ist am Himmel erschienen. Noah ist aber mit den Seinen aus der Arche gestiegen; er hat die Weinlese gehalten und die Trauben gekeltert.

Beim Untergang von Sodom und Gomorrha ist brennendes Kolophoniumfeuer vom Himmel gefallen. Josefs Einzug geschah in einem prachtvollen, von sechs Schimmeln gezogenen Staatswagen, wie in Wien noch keiner zu sehen war. Josef selber trug purpurne golddurchwirkte Kleider, ein goldenes Diadem schmückte sein Haupt, und eine goldene Ehrenkette hing von seinem Hals herab. Der brennende Dornbusch brennt wirklich, in der Wüste fällt wirkliches Manna herab, und die Mauern Jerichos fallen, wie erst die Trompeten zu blasen anfangen, gerade so um, als wenn sie aus echten steinernen Bausteinen erbaut wären. Und wie fein nur der Absalon am Baume hängen geblieben ist – mit seinem gelben Haarschopf! Ein Glück noch, daß sie ihm das Roß mittels eines Schnürls so schnell davongezogen haben: Fast wäre der Baum umgerissen worden.

Vom Neuen Testament gefielen am besten die Verkündigung der Geburt Christi, bei der die Hirten auf echten, ganz kleinen Schalmeien bliesen, und die Gefangennahme des Heilands, als Petrus dem Malchus, dem Knechte des Hohepriesters, mit einem gleichfalls echten Schwert das rechte Ohr abtrennt.

Die Jahreszeiten haben mit einer Schlittenfahrt im Jänner begonnen. Wieder alles naturgetreu, vom Stürmen und Schneien angefangen bis zum Schlitten und den Glöckerln, die an den Pferdegeschirren angebracht waren und wirklich geläutet haben. Im Februar stürmt und schneit es noch immer, nur daß auf dem Klavier jetzt statt einer Polka ein Walzer gespielt wird. Im März brausen die Gießbäche, und Holzstämme werden zu Tal geschwemmt, im April wechseln Regen und Sonnenschein, im Mai schlagen die Bäume aus, und der Kuckuck ruft aus dem Wald; der Juni bringt die Heuernte und ein Gewitter. Im Juli und im August erleben wir die Getreideernte; hierauf erfolgt im September die Obsternte und im Oktober die Weinlese. Der November führt die Allerseelenfeier vor, im Dezember wohnen wir dem Weihnachtsfest bei; das Christkindl erscheint mit einem herrlichen Christbaum, und den Schluß der Jahreszeiten macht – eine Hirschjagd, bei der wirklich ein Hirsch geschossen wird. Im ganzen Zimmer ist der Pulverrauch zu spüren.

Anderthalb Stunden hat die Vorstellung gedauert. Alle haben sich gut unterhalten. Sogar der Herr „von" Kienast ist nicht mehr ungehalten darüber, daß sie ihn diesmal „drangekriegt" haben.

Und seine Kinder? Die bitten ihn jetzt schon, daß sie, wenn das neue Jahr vorüber ist und sie brav waren, wieder ins „Krippelspiel" gehn dürfen.

Weihnachtsstimmung und Weihnachtskitsch

Die äußere „Form“ des bürgerlichen Familienfests Weihnachten stand nach der Revolution von 1848 zwar endgültig fest, notwendig waren allerdings nun handfeste Erklärungen für die modische neue Sitte – es begann eine Flut von Texten zu erscheinen, die alle eines gemeinsam hatten: Sie boten Interpretationen zur „Christbaum-Feier“ und Christbaumbescherung, konstruierten fleißig Geschichten, die in bildhafter Weise die Inhalte von Weihnachten zu verdeutlichen suchten – „Weihnachtsgedicht“ und „Weihnachtsgeschichte“ etablierten sich als neue literarische Formen, die von nun an das Bild der bürgerlichen Welt vom Fest bestimmen sollten. Jene religiösen Elemente, die mit der Säkularisierung von Weihnachten aus dem Bewusstsein verschwanden, kehrten nun in verwandelter Form in diesen Texten wieder, hartnäckig versuchten sie mystische Ergriffenheit und heiliges Erschauern dort zu produzieren, wo die Dynamik einer sich rasant beschleunigenden Warenwelt längst über transzendentales Empfinden hinwegschritt. Die boomende „Weihnachtsliteratur“ wurde zum Ersatz für Gebet und Meditation, zur selbstverständlichen „Droge“, die man zum Fest ebenso eifrig konsumierte wie so manche kulinarischen Köstlichkeiten – man schwelgte in sentimentalen Gefühlen, in wehmütig-weichen Stimmungen, ohne die man sich schließlich Weihnachten gar nicht mehr vorstellen konnte. Sie stiftete die emotionale Identität eines Festes, das sich von seinen religiösen Wurzeln völlig entfernt und mit überkommenem Brauchtum nichts mehr zu tun hatte.

Moritz Gottlieb Saphir, Eigentümer und verantwortlicher Redakteur des Unterhaltungsblatts *Humorist und Wiener Punch,* publizierte in der Weihnachtsnummer 1848 des *Humoristen,* am Ende eines turbulenten Jahres, das die Habsburgermonarchie in ihren Grundfesten erschüttert und einen Wechsel auf dem Thron gebracht hatte, eine Folge von Weihnachtsgedichten, die dezidiert den karitativen Aspekt des Fests in den Vordergrund rückten:

Tannenbäumchen

Tannenbäumchen stand im Wald alleine,
Sprach, ganz traurig im Gemüthe:
„Duft und Farben hab' ich keine,
Habe weder Frucht, noch Blüte.

Gehe stets in einem Kleide,
Bien' und Schmetterling mich lassen,
Mache keinem Menschen Freude,
Möchte d'rum mich selber hassen!" –

Christkind hört des Bäumchens Klage,
Nimmt's und setzt's in's warme Zimmer,
Schmückt's wie eine Feensage,
Bunt mit lauter Kerzenschimmer

Und behängt's mit Band, mit Kerzen,
Mit Gold- und Zuckernüss' nicht minder,
Und das Bäumchen kosen, herzen,
Küssen jubelnd süße Kinder.

Und so kam's zu Glanz und Ehren,
Und zu tausend schönen Sachen,
Weil es war sein Herzbegehren,
Nur den Andern Freude machen!

Saphir (1795–1858), umstrittener, aus Ungarn stammender jüdischer Journalist und Kritiker, 1832 zum Protestantismus konvertiert, ein Sprachrohr legitimistischer Kreise, verfehdet mit Nestroy und Bauernfeld – von Ersterem 1849 in einem offenen Brief in der Theaterzeitung als „lächerlicher Vomkunstrichterstuhlherabdieleutevernichtenwoller" apostrophiert –, befand sich mit diesem Text durchaus im Mainstream des zeitgenössischen Weihnachtsdiskurses: Der Appell an die (christliche) Nächstenliebe hatte jenes schlechte Ge-

Weihnachtliche Harmonie, die es in der Realität nicht gab: Grußkarte aus dem Kriegsjahr 1944.

wissen zu überdecken, das die stetig wachsende Kluft zwischen Arm und Reich unweigerlich weckte: Während in den Palästen des Adels und den Häusern des wohlhabenden Bürgertums Glanz und Prunk der weihnachtlichen Aktivitäten kaum mehr zu überbieten waren, stand das Industrieproletariat mit leeren Händen da – Weihnachten im alten Österreich war auch ein Fest der Kontraste, die klare Manifestation eines dramatischen sozialen Konflikts. Der „Weihnachtskitsch" ist die Sprache jenes schlechten Gewissens, das von dem Dilemma weiß, beileibe aber keinen Willen und kein Rezept besitzt, um etwas zu ändern. Bitter-süße, zu Tränen rührende Weihnachtsgeschichten suchten Harmonien zu konstruieren, die es in der Realität nicht gab, über dem Schluchzen hinter weißen Batisttaschentüchern konnte man vergessen, dass eigentlich Taten gefragt waren, nicht wehmütige Gefühle. Ein Musterbeispiel für diesen Weihnachtskitsch war die rührende, damals häufig kolportierte Geschichte vom kleinen Jungen oder Mädchen, der/das am Grab der toten Mutter erfriert – nur im Tode, so die sentimentale *conclusio,* ist die familiäre Wiedervereinigung möglich. Von dieser Geschichte kursierten zahlreiche Versionen, Saphir setzte sie in gebundener Spache um:

Bescheerung am Grabe

Ein Knabe, der allein auf Erden,
Der Vater nicht, nicht Mutter hat,
Der arm und hilflos steht hienieden,
Der seines blaßen Daseins satt;

Er geht hinaus am Weihnachtsabend
In des entleg'nen Friedhofs Raum,
Und auf das Grab der heißbeweinten Mutter
Setzt er den kleinen Weihnachtsbaum;

Zwei Lichtlein steckt er auf das Bäumchen,
Aus Zuckerwerk ein kleines Herz,
Dann kniet er hin und netzt die Erde
Mit Thränen, ausgepreßt vom Schmerz:

„Der Mutter bring' ich dieses Bäumchen,
Weil heute heil'ger Abend ist;
Nimm's an als kindlich' Liebeszeichen,
Und daß Dein Kind Dich nie vergißt!

Christkindlein kann auf's Grab auch kommen,
Wenn es der Waise was bescheeren will,
Der Waise, die so einsam wandelt,
Verweint die Augen, bleich und still!" –

Dann stellt der Knab' im frommen Glauben
Sich hinter's Grab und lauscht und wacht,
Ob nicht das Christkind wird erscheinen
Beim Bäumchen auch um Mitternacht!

Und Christkind naht im Strahlenscheine
Dem Kinde, das an ihn geglaubt,
Bescheert den Himmel ihm zum Weihnachtsabend,
In ew'gen Schlummer sinkt des Kindes Haupt.

Ein Text, der heute wohl kaum mehr zu Tränen, dafür aber an den Magennerven rührt! Der Zynismus, mit dem hier Christkind, Weihnachtsbescherung und Tod in eins verschmolzen werden, ist beinahe unerträglich, ebenso die seltsame Teilnahmslosigkeit, mit der dieses Waisenkind seinem Schicksal überlassen wird. Bewusst drückt Saphir auf die Tränendrüse – eine Haltung des Autors, die problematisch ist: Sie hat zu tun mit Unwahrheit, mit Schweigen, mit dem Einüben von Inaktivität. Der unglückliche Status quo des Waisenkinds wird weiter nicht diskutiert, sondern einfach zur Kenntnis genommen – die Gesellschaft hilft ihm nicht, dafür das Christkind in der Gestalt des Todes.

Die Diskrepanz zwischen verklärend-sentimentalem Weihnachtskitsch und sozialer Realität blieb auch so manchem Zeitgenossen nicht verborgen – zu einem der heftigsten Kritiker dieser alljährlich wiederkehrenden „Märchen" wurde der Feuilletonist Friedrich Schlögl (1821–1892). Als erstes von 14 Kindern eines Hutmachers und Billeteurs am Kärntnertortheater in Mariahilf geboren, lernte Schlögl die Schrecken der

Armut am eigenen Leibe kennen: Nur unter größten Entbehrungen konnten ihm die Eltern den Besuch des Gymnasiums ermöglichen, schließlich musste er die Schule aufgrund fehlender finanzieller Mittel verlassen; als 19-Jähriger trat er 1840 in die Wiener Militärrechnungskanzlei ein und begann neben seiner Tätigkeit als pflichtgetreuer k. k. Beamter für Zeitungen – vor allem das angesehene *Neue Wiener Tagblatt* – Humoresken, Skizzen und Feuilletons zu schreiben. Schlögl, dessen „Ur-Erlebnis“ (Karlheinz Rossbacher) die Enttäuschung der Revolution von 1848 war, pflegte in seinen Feuilletons – Ferdinand Kürnberger definierte sie treffend als „belletristische Ethnographie über Wien und die Wiener“ – einen sinnlich-kraftvollen Stil, der Satire und ungeschminkte Sozialkritik eindrucksvoll zu verbinden wusste. *Kleine Culturbilder aus dem Volksleben der alten Kaiserstadt an der Donau* nannte er seine ungemein engagierten Texte, die nicht selten auch gleich den eindringlichen Appell an den Leser richteten, doch endlich für eine Änderung der inkriminierten Verhältnisse zu sorgen. Die Kluft zwischen Schein und Sein blieb Schlögl auch im Falle der Wiener Weihnachts-Rituale nicht verborgen, denen er in *Wiener Blut* (1872), seiner ersten Sammlung von Feuilletons, auffallend breiten Raum zubilligt. Ihm, dem Kind der Vorstadt, waren Not und Elend schmerzhaft gegenwärtig; scharfsinnig durchschaute er die Alibifunktion, die dem allgemein beliebten Gerede über weihnachtliche Mildtätigkeit zukam. Nicht das Fest an sich fordert Schlögl zur Kritik heraus, sondern die Gedanken- und Teilnahmslosigkeit, mit der sich das begüterte Bürgertum seiner moralisch-sittlichen Pflicht zur Hilfe entledige. So bemerkt er in einem mit „Weihnachten“ überschriebenen Feuilleton: „Lügt mir darum nicht mit Eurem Wohlthätigkeitssinne und prunkt nicht mit einer Unmasse edler Thaten! Es geschieht wohl Manches, aber wahrlich nicht allzu viel. Geht hinaus in die entfernteren Bezirke und drückt an die erste beste Klinke, und wenn sich die Thüre öffnet, seht Ihr vielleicht mehr der Noth und des Mangels, als Euch lieb ist, um ausgiebige Hilfe bringen zu können. Erfindet mir keine Märchen von verschleierten, vornehmen Damen, die an die ‚verlassenen Hütten der Armuth‘ geklopft und die Bescheerung des ‚Christkindels‘ durch einen reich gallonirten Diener abgegeben hätten. Kein Mensch hat noch diese wohlthätige Dame gesehen, niemand ist von diesem fabelhaften ‚Engel‘ betheilt worden, der nur zu gewissen Zwecken erdichtet wurde. Geht selbst hinaus, (...), sucht selbst die ‚Hütten der Armuth‘ auf und ist Euch der Weg zu beschwerlich oder das Wetter zu schlecht, Ihr findet dann auch in nächster Nähe des hilfsbedürftigsten Jammers in trauriger Menge und Ihr könnt wohlthun in Hülle und Fülle, ohne daß vielleicht – was immer Eure Sorge ist, etwa auch nur ein Unwürdiger an den Gaben Eurer Milde theilnimmt!“

Ludwig Hevesi

Weihnachten

Punkt elf Uhr, wie er versprochen, legte Direktor Stein in meinem Treppenhause den Finger auf den Drücker. Mitten im Satze, den ich schrieb, warf ich die Feder weg, schlüpfte in den Pelz, griff nach dem Nachtsack und eilte hinab in die Freiheit, in die Weihnachtsfreiheit. In vier Stunden sollte ich steirische Luft atmen, am jenseitigen Fuße des Semmering, wo die Welt grüner ist, selbst im Winter, und selbst in der großen Sägemühle zu Mürzzuschlag, die mein Freund leitete. In Wien war es nicht schön. In der Luft brodelte allerlei Graues, Nasskaltes, Rheumatisches und rann in Tropfen an den Wagenfenstern nieder. Das geschäftige Weihnachtspublikum glitschte auf dem triefenden Pflaster unsicher durcheinander, alle Arme voll Packen und Päckchen, man kennt das ja. Am Hof, wo, wie alljährlich, die Budenstadt ihren unabsehbaren Weihnachtskram entfaltete, war kaum durchzukommen, zu Wagen schon gar nicht. Am Naschmarkt, der sich in einen Urwald von Christbäumen verwandelt hatte, schwindelte sich der Kutscher im Halbschritt vorüber. Dennoch hätten wir an der Wildbret-Ecke des Marktes beinahe Unglück angerichtet. Dort, wo die feisten Weihnachtshasen hängen und die putergroßen Weihnachtsgänse ihre gerupfte Schönheit entfalten, warf unser linkes Hinterrad eine Hühnersteige um, deren Insassen schwerlich mit dem Leben davongekommen wären, wenn man sie nicht glücklicherweise schon tags vorher geschlachtet hätte. Eigentlich waren wir Weihnachtsflüchtlinge, die aus dieser „sentimentalen Stadtluft“ hinaus wollten in eine möglichst unempfindsame Natürlichkeit, allerdings bei möglichst guter Naturalverpflegung. „Seit drei Jahren“, sagte mein Freund, „bin ich weit über alle Christbäume hinausgewachsen.“ Vor drei Jahren war ihm nämlich der kleine Hans, sein einziger, gestorben; seitdem hielt er Weihnachten für ein höchst ungemütliches Fest. Auch ich war mit ihm einverstanden. „Vergoldete Nüsse lassen mich bereits ganz kalt“, erklärte ich. – „Ich kann nicht einmal mehr den Knallbonbons Geschmack abgewinnen“, sagte er. – „So ein Tannenbäumchen voll brennender Wachskerzchen hat für mich nur noch die Bedeutung einer Feuersgefahr“, fuhr ich fort. – „Und das ganze Jahr über wird nicht so viel Waldfrevel begangen wie vor Weihnachten“, bemerkte er, „mein Förster ist nach jedem heiligen Abend außer sich, und er darf nicht einmal ein Wort sagen, denn unser Volk hält um diese Zeit den Wald für frei.“

Dekor für die „häusliche Gemütfeier“: Weihnachtskarte der Wiener Werkstätte von Mela Köhler-Broman.

Plötzlich drückte er an den Gummiball im Wagen. Auf den Pfiff hielt der Kutscher, und mein Freund stieg aus, in aller Hast, als hätte er beinahe etwas vergessen. Er trat in eine Buchhandlung, die ganz buntscheckig aussah von farbigen Bilderbüchern und dergleichen Kinderzeug. Der Laden war voll mit feinen Herren und Damen, welche die Weihnachtsnummern der illustrierten Zeitschriften durchblätterten und nach neuen, schlauen Erfindungen der Festliteratur fahndeten. Auf unzerreißbare, unbekleckbare und womöglich auch unverlierbare Bilderbücher, zum Beispiel auf Zelluloid gedruckt und zum Abwaschen mit Seifenwasser eingerichtet. Oder auf Naturgeschichten mit Farbenwechsel, so daß die Tiere abwechselnd ihre Sommer- und Winterfarben zeigen; das Chamäleon gar ist transparent und nimmt immer die Farbe seiner Unterlage an. Oder auf Bilderbücher, in denen alles beweglich ist, von den Flügeln der Windmühlen bis zu den Zeigern der Uhr an der Stephanskirche, die sogar mit einem wirklichen Schlüssel aufgezogen wird. Direktor Stein kam mit mehreren großen Paketen wieder heraus, und wir fuhren nach dem Bahnhofe.

Auf der Eisenbahn führten wir ein recht hölzernes Gespräch, sozusagen. Bis Wiener Neustadt über den Verkauf der slavonischen Grenzwälder. Von dort bis Gloggnitz über die Holzpapierfabrik, die mein Freund voriges Jahr in Mürzzuschlag errichtet hatte, um den Holzvorrat der Gesellschaft noch besser auszubeuten. Von Gloggnitz bis Payerbach, wo die Gegend schon poetischer wird, sprachen wir über Otto Ludwigs „Erbförster"; mein Freund hatte dieses für Holzinteressenten sehenswerte Trauerspiel im Burgtheater aufführen sehen. Zwischen Payerbach und der Station Semmering entrüsteten wir uns um die Wette über die „Devastation", welche rechts und links der Bahn durch das Aushauen von Christbäumen betrieben werde. Direktor Stein, den doch diese Gegend gar nichts angeht, drohte mit den Fäusten zum Fenster hinaus, sooft er im tiefen Schnee, die waldigen Hänge herab, einen Schlitten fahren sah, schwer mit frisch gefällten Christbäumen beladen, oder etliche handfeste Männer in Pudelhauben am Waldsaume mit der Axt hantieren, alles für den „Wiener Bedarf".

„Semmering, fünf Minuten!", rief der Schaffner.

„Schöne Edelweiß, kaufen Sie!" – „Nehmen S' ein' Buschen Edelweiß mit!" So scholl es von beiden Seiten zu uns heran, mit betagten, verschnupften Stimmen. Verrunzelte Hände streckten an Stäbchen große Buschen aus getrocknetem Edelweiß und Heidekraut zu den Coupéfenstern herauf, gleich sechs auf einmal. „Küß d' Hand recht schön, Herr Direktor", fügte ein knarrendes Altweiberstimmchen hinzu; „Sie kaufen mir ja eh' ein'n Buschen ab, da haben S' den allerschönsten, vom Stuhleck droben ist er." – „Ja, ja, Frau Mahm", lachte Direktor Stein, „bringen S' mir ihn nur unten ins Haus, ich nehm' ihn schon. Wie lang sind

S’ denn marschiert da herauf, von Mürzzuschlag?“ – „No, drei Stünderl halt, gnä Herr, wegen dem Schnee; bei Spital liegt er hoch auf der Straßen.“ Ich kaufte ihr einen großen Strauß Edelweiß ab, für anderthalb Gulden, worüber sie ganz entzückt war. „Jesses, der Hansel wird sich freuen!“, rief sie. – „Ja der Hansel wird sich freuen“, sagte der Direktor lächelnd, „ich bring’ ihm auch ’was mit, dem Hansel.“ – „Is’s wahr, Herr Direktor? Haben S’ denn wiederum an mein Hansel ’denkt? Unser lieber Herrgott soll’s Ihnen nur vergelten, tausendmal, ja! No, mein’ Tochter wird ein’ Freud’ haben! Und erst der Hansel, der arme!“ – „Schau’n S’, das ist ein schönes Bilderbuch”, sagte mein Freund, „‚Max und Moritz‘ heißt’s; da ist auch schon Gedrucktes drin.“ – „Gedrucktes?“, fragte sie etwas zweifelnd, beinahe ängstlich. – „Na ja, jetzt müßt’ er ja schon lesen können, euer Hansel. Und da, dieser Pack ist auch für ihn, da sind Bausteine drin, um den ganzen Stephansturm aufzubauen.“ – „Jesses na, der Hansel – den Stephansturm! Er hat ihn ja noch gar nie nit g’sehn, den Stephansturm! Ich mein’, ob er’s denn treffen möcht’, der Hansel?“ – „Aber Frau Mahm, der Hansel und so ’was nicht treffen!“ Das schien der alten Frau einzuleuchten, und sie wackelte nur still vor sich hin mit dem Kopfe und rieb sich die Hände, ein Drittel vor Kälte, zwei Drittel vor Freude.
Die Bahnglocke schrillte, ein Pfiff, der Zug fuhr ab und bohrte sich in den nahen Tunnel ein. Mein Freund schwieg, in einer Art von Mißmut. Bei Spital aber nahm er plötzlich das Wort: „Sehen Sie, es gibt auch auf dem Lande Sentimentalität. Jenes alte Weiberl hat ihre fünfundsiebzig auf dem Rücken und wandert drei Stunden herauf bis Semmering, weil da die Reisenden sich eher verpflichtet fühlen, Edelweiß zu kaufenals in Mürzzuschlag unten, wo es kein Andenken mehr wäre. Warum? Weil sie helfen will, ihrem Enkelkind, dem Hansel, was zu bescheren. Und der Hansel ist doch tot, seit drei Jahren. Wir hatten damals die Diphtheritis in Mürzzuschlag, und die hat den Hansel mitgenommen. Fünf Jahre war er alt, ein hübscher Junge, gescheit wie der Tag.“ Seine Stimme zitterte auffallend, aber er fuhr gleich wieder ruhig fort: „Hansels Mutter, müssen Sie wissen, ist die Frau meines Werkführers. Ein braves Weib, hat aber augenscheinlich viel zu viel gelesen; ist darüber sentimental geworden. Nun sehen Sie einmal, was solche Leute imstande sind. Daß der Hansel tot ist und unter der Erde liegt, das geniert seine Mutter gar nicht. Sie betrachtet ihn trotzdem als ein lebendiges Kind, das jedes Jahr schön seinen Heiligen Abend kriegen muß, wie die anderen Kinder. Und an jedem Christabend wird das grüne Christbäumchen bunt aufgeputzt und aufgetakelt mit allem, was ihr Schönes und besonders Süßes einfällt, und wird auf unser Friedhöfchen hinausgetragen, wo auch mein Hans liegt.“ Seine Stimme stockte ein wenig, aber sie festigte sich gleich wieder. „Mein Hans und ihr Hansel haben viel zusammen gespielt, sie waren im gleichen Alter, fünf Jahre, jetzt wären sie beide

Weihnachtsgrüße anno 1928.

*Ein beliebtes Sujet auf den Gruß-
karten von anno dazumals:
der Kuss unter dem Christbaum.*

Zum Engel stilisiert: Mädchen schmückt den Weihnachtsbaum. Handkoloriertes Glasdiapositiv, um 1910.

Feststimmung am Stephansplatz in Wien.
Aquarell von Robert Richter, 1913.

Vorbereitung zum großen Auftritt: die Heiligen Drei Könige. Gemälde von Reinhard Sebastian Zimmermann, 1852. Galerie Alte Kunst, Wien.

Angemeldetes „Reichspatent": die Neujahrs-Grußkarte mit Glitzereffekt, Silvester 1901.

acht. Dieselbe Diphtheritis hat beide hinweggerafft, fast gleichzeitig. Ja, man soll keine Kinder haben! Doch hören Sie weiter. Da nimmt also die Frau das Christbäumchen und stellt es dem Hansel aufs Grab, auf sein kleines, grünes Hügelchen; da fegt sie vorher den Schnee hinweg und deckt alles warm zu mit Tannenzweigen, nun, Weiberschnack eben, wie's manche Mütter treiben, die förmlich erfinderisch werden, wenn's ihr Kind gilt. Und dann steckt sie alle die Lichterchen an und steht dabei und sieht zu, wie sie langsam niederbrennen. Und dabei weint sie vermutlich was Rechtes zusammen und kommt schließlich getröstet heim. Das Bäumchen aber läßt sie auf dem Grabe stehen, und darunter liegen allerlei kleine Geschenke, die sie dem Bübchen macht, sie und andere; von mir und meiner Frau kriegt sie auch jedes Jahr verschiedenes. Nun ja, die Weiber sind nun einmal so; meine Frau sagt gar, ihr sei jedes Mal, als schenke sie die Sachen unserm Hans."

„Nun, ich –" begann ich, aber er ließ mich nicht zu Worte kommen. „Warten Sie einmal", fiel er ein, „das Drolligste kommt ja erst. Jene gute Frau scheint sogar in dem Wahne zu leben, daß ihr Hansel da unten immer größer und gescheiter werde und daher von Jahr zu Jahr immer reifere Geschenke brauche. Anfangs bekam er richtiges Kinderspielzeug: Brummkreisel, ein neues Hotto-Pferdchen mit einer neuen Peitsche, ein Bilderbuch ohne Text, auf starkem Pappendeckel, vermutlich weil der Hansel ein sehr lebhafter Junge gewesen, just wie mein Hans, der auch ein rechter Reißteufel war. Ein Jahr später spielte das zinnerne Militär die Hauptrolle; von mir war auch eine Schachtel Artillerie dabei, schon in der neuen Uniform, denn der Hans – der Hansel, will ich sagen, hatte eine besondere Passion fürs Schießen; Holunderpistolen oder Knallerbsen, das galt ihm gleich, wenn es nur gehörig knallte. Der wäre ein zweiter Uchatius geworden, und hätte ein neues Stahlbronzegeschütz erfunden. Und ein Lesespiel war auch schon dabei, mit einzelnen großen Buchstaben zum Zusammensetzen, und eine Landkarte mit ausgeschnittenen Ländern, auch zum Zusammensetzen. Nun, und heuer wird er wohl schon im Lesen so weit sein, daß er sich mit etwas Nachhilfe den ‚Max und Moritz' zu Gemüte führen kann; und die Bausteine ... meinem Hans hat der Stephansturm immer gewaltig imponiert, der kleine Knirps wollte wahrhaftig, als ihn einst die Amme auf dem Arm über den Stephansplatz trug – zwei Jahre alt mochte er sein –, da verlangte er von ihr dringend die goldene Kugel, die auf der Turmspitze steckt. Andere Kinder verlangen höchstens den Mond, nicht wahr?"

„Allerdings", sagte ich, ohne ihm geradezu ins Gesicht zu sehen. Ich hatte nämlich die Empfindung, als würde ihn das genieren, weil eben aus irgendeinem Augenwinkel, rechts oder links, ein helles Tröpflein ganz verstohlen hervorsickere und den Weg längs der Nase abwärts nehme. Eben machte mein Freund eine Vier-

telwendung, so daß ich nur seine linke Seite sehen konnte; ich schloß daraus unwillkürlich, daß jener stille Tropfen auf der rechten Seite floß. Möglich übrigens, daß ich mich irrte.
In Mürzzuschlag erwartete uns sein Wagen, und wir fuhren nach der Fabrik. Es dämmerte bereits, und in allen Gebäuden war längst elektrisches Licht. Man arbeitete noch, erst in einer Stunde war Feierabend. In dem Geschnarr und Geschnurr des tätigen Lebens wurde mir gleich frischer zumute; dieses letzte Gespräch hatte mir den Kopf eigentümlich eingenommen. Auch dem Direktor schien das Arbeitensehen wohlzutun; wir traten in die große Halle der Sägemühle und sahen zu, wie in langer Reihe die „Gatter" mit ihren dutzenden blanker Sägeblätter ihre halb ober-, halb unterirdische Arbeit taten und Stamm um Stamm in ebenso viele glatte Bretter zerschnitten. Wir gingen hinab in den unteren Saal und wateten in der kniehohen Schicht von Sägespänen umher, die unablässig von oben herabrieselten, ein Schneegestöber aus Holz. Das beruhigt sehr.
Im Hause des Direktors wurden wir schon ungeduldig erwartet. Die Hausfrau hatte uns viel Gutes zugedacht für diesen Abend. Nur eines nicht: einen Christbaum. „Mein Mann kann noch immer keinen Christbaum sehen", sagte sie mir, „er behauptet, das sei Empfindelei, sich auch als Kinder zu gebärden, weil die Kinder es täten. Hätten wir nur noch ein Kind, er würde anders sprechen." Und als ich sie fragte, ob er wohl mit mir nach dem Friedhofe gehen würde, weil ich jene Christbescherung auf dem Grabe zu sehen wünschte, rief sie lebhaft: „Wo denken Sie hin? Nicht mit vier Pferden könnten Sie ihn da hinaufschleppen. Nun, wenn Sie wollen, gehe ich mit Ihnen; ich bin von härterem Stoff."
Sie hüllte sich warm ein, und wir gingen die Anhöhe hinan, wo der kleine Gottesacker in einer Mulde gebettet liegt. Der Totengräber stand am Gittertor und wartete mit dem Schließen, bis alles wieder fort wäre. Eine graue Nacht lag auf der Gegend, es begann eben zu schneien, aber man sah die Flocken nicht, man fühlte nur im Gesicht ihre weiche kalte Berührung, schier geisterhaft. Wir gingen einem Lichtschein zu und sahen eine dunkle Gruppe beschäftigt, die Lichtchen eines kleinen Christbaumes zu entzünden. Alles war so, wie mein Freund es geschildert. Man bemerkte uns gar nicht, man hatte alle Hände voll zu tun mit dem Hansel. Auch „Max und Moritz" lag unter dem Bäumchen; die alte Frau schlug das Buch auf, damit der Hansel besser sehe, was er Schönes bekommen, aber es schneite hinein, und da schloß die junge Frau es wieder. Der Vater kniete am Fußende des Grabes und versuchte, den Stephansturm aufzustellen, aber der Boden war zu uneben, der Bau stürzte ein und die Holzklötzchen kollerten weithin. Da schrien beide Frauen auf: „Jesses, wenn nur nichts verloren geht!" Da packte der Vater die Bausteine behutsam wieder ein. Auch Klei-

dungsstücke lagen da. Die Mutter hatte eigens Winterhandschuhe gestrickt. „Gelt, Mutterl, die werden gut warm sein?“ – „Wohl“, entgegnete die Alte, „wann s’ nur nit z’ klein sind.“ – „Aber geh, Mutterl, um so ein Stück länger hab’ ich die Finger genommen als voriges Jahr.“ – „No, ich weiß nit, der Bub’ halt’t halt im Wachsen.“ Auch eine neue Pelzmütze lag da. Die junge Frau hob die „Pudelhaube“ auf und streichelte das falsche Pelzwerk, als wäre es das Haar ihres Jungen. „Mit Ohrenklappen“, sagte sie und zog die Klappen weit hervor, rechts und links. – „Die hätt’ er schon vorig’s Jahr braucht“, meinte die Alte. In einem Körbchen, auf grünen Blättern, lagen Äpfel und Nüsse, auch ein Nussbeugel, hübsch braun gebacken. „Mohnbeugel hat er lieber“, murmelte die Alte, aber nicht sehr laut, um die Mutter nicht zu kränken.
Es war sonderbar, wie die drei das ganz ernsthaft trieben, ruhig und bedachtsam, sogar ohne Rührung, vollends ohne eine Träne. Als ob es gar keinem Toten gälte. Ich trat zufällig auf eine Nuß, die herabgerollt war; sie krachte, und die Frauen blickten wie erschrocken um.
Die beiden kinderlosen Mütter sahen einander still ins Gesicht, nur wenige Augenblicke, dann schluchzten beide laut auf. Und dann waren sie gleich wieder still, und wir gingen ohne ein weiteres Wort hinweg. Die drei hatten noch beim Hansel zu tun. Es schneite stärker, in dicken Flocken bereits, die laut aufknisterten, wenn sie die Flämmchen des Christbaums trafen. Der Vater hatte auch daran gedacht und einen Regenschirm mitgebracht; den spannte er über das Bäumchen, bis die Kerzlein niedergebrannt waren. Niemand sah es, denn es war dunkel und wir waren fort – und der Hansel war ja doch eigentlich tot.

Ada Christen

Hörst auch du die leisen Stimmen?

Ada Christen (1839–1901), die Tochter eines im Gefolge der Revolution von 1848 verarmten Wiener Großkaufmanns, provozierte ihre Zeitgenossen durch ungewohnt offene, gesellschaftskritische Texte und stieß damit bei dem wenig aufgeschlossenen Wiener Publikum großteils auf entrüstete Ablehnung. Während ihre kämpferische, für die Sache der Frau eintretende Lyrik (*Lieder einer Verlorenen*, 1868) und Prosa heute beinahe vergessen sind, findet das folgende Gedicht immer wieder Aufnahme in Weihnachtsanthologien, appelliert es doch an einen der schönsten Momente des Weihnachtserlebnisses: an den Zauber von Kindheitserinnerungen. Für die Generation Ada Christens war das Weihnachtsfest mit Christbaum und Bescherung längst zur selbstverständlichen Tradition geworden.

Hörst auch du die leisen Stimmen
aus den bunten Kerzlein dringen,
die vergessenen Gebete
aus den Tannenzweiglein singen?
Hörst auch du das schüchtern frohe
Kinderlachen wieder?
Schaust auch du den stillen Engel
mit den reinen, weißen Schwingen?
Schaust auch du dich selber wieder
fern und fremd nur wie im Traume? –
Grüßt auch dich mit Märchenaugen
deine Kindheit aus dem Baume?

Friedrich Schlögl

Der Christkindl-Tribut

Das ist die allererlogenste Phrase, wenn Einer, sich die Augen trocknend, mit sentimentaler Seufzerbegleitung ausruft: „Diese Woche gehört den Kindern!“ Nicht wahr ist's; die Christkindlwoche gehört allen Leuten, denn sie ist die Bescheerungswoche, und beschenkt oder doch mit kleinen „Aufmerksamkeiten“ und sonstigen Liebesgaben bedacht und ausgezeichnet will Jedermann werden; es ist dies eine ebenso ohne Unterschied des Alters und Standes empfundene, wie auch confessionslose Inclination des gesammten egoistischen Menschengeschlechtes, und der specifisch christliche Cultus ist in praktischer Erkenntnis der günstigen Situation längst schon von anderen Culten freudig acceptirt worden, d. h. insoferne er sich auf den löblichen Gebrauch der Empfangnahme von Geschenken (jeglicher Sorte) bezieht.
Und so feiert denn am Schlusse dieser Woche nicht nur die unzweifelhaft katholische Bevölkerung der allerchristlichsten Bezirke ihr sinnigstes Fest; es wittern auch die – gebogensten Nasen und Näschen eine kleine Überraschung, und die putzigsten Aspiranten von einstigen Verwaltungsrathstellen, die noch allerwinzigsten künftigen Bräute von Generaldirectoren sehen mit klopfenden Herzen einem reichdotierten – Weihnachtsbaum entgegen, der allerliebste Pelzkrägelchen und geschmackvolle Remontoirs als Vordividenden tragen soll.
Ich habe gegen diese antiorthodoxe Weihnachtstantième nichts einzuwenden, schon deshalb nicht, weil die Zahl der fröhlichen Gesichter vermehrt wird und weil ich es auch vom beliebten volkswirtschaftlichen Standpunkt aus nur segnen kann, wenn die gewerblichen Anhänger der alleinseligmachenden Kirche wenigstens in dieser Woche gute Geschäfte machen, sei es auch durch – Ungläubige oder Ketzer. Es fragt sich nur im Allgemeinen: Was, wie und warum gibt man?
Was man gibt oder vielmehr geben soll, darüber belehrt ein Blick auf die Inseratenseiten oder nach den Schaufenstern, oder ein Spaziergang durch das hölzerne Barackenlager, vulgo: am Christkindlmarkt.
Die athemlose Industrie kennt keine poetischen Alluren, und da die nüchterne Generation ebenfalls nur vom Utilitätsprincipe geleitet wird, so ist es natürlich, daß man diesem sogenannt einzig vernünftigen Triebe alle denkbaren Wege eröffnet und im echten Geschäfts-Cosmopolitismus heute fast nur mehr solche mer-

kantile Specialitäten als „passende" Weihnachtsgeschenke offerirt, welche mit dem Gepräge der Brauchbarkeit geziert, thatsächlich auch „benützt" werden können und nicht allein zur stillen, wonniglichen Freude contemplativer Naturen bestimmt sind. Damit will ich nun nicht behaupten, daß sich nicht auch noch einzelne Schwärmer finden, welche für ein Creditpromesse oder ähnliche Werthfictionen, die nur der edelsten Anspruchslosigkeit genügen, Sympathie fühlen, sowie ferners, daß man nicht auch hie und da den „lieben Kleinen" mit einer Trommel oder Trompete eine so recht sinnige Herzensfreude, und zwar ohne kalt berechnete Rücksicht auf die nachbarlichen Zeitgenossen, bereiten will, aber die Mehrzahl der Geschenkgeber schwankt doch nur mehr in der Wahl zwischen – Gummischuhen und einem gut verzinnten Waschschaff, warmen Barchenthosen und Moderateurlampen, Pudelmützen und Fäustlingen, Ofenschirmen und Stiefelziehern, Bierkrügen und Pelzschuhen, echten Prager Schinken und rothbesäumten Krinolinen, dem Privat-Wirthschafts- und Auskunftskalender und Pfeifenstellagen, Holzkörben und Abstaubern, Cigarrentaschen und Strumpfbändern, Cravaten und Kniewärmern, Bratpfannen und Operngucker, Tranchirmessern und Portemonnaies, Nachtkästchen und sonstigen häuslichen Necessaires, die auch über die Festwoche hinaus nützliche Dienste versehen sollen. Die Aera der obligaten Blumensträuße sammt Almanachen ist ebenso überwunden, wie die zart-billige Methode der Widmung von Akristichons und anderen Stammbuchversen.

Ja, diese leidige Brauchbarkeitstheorie erstreckt sich nicht nur auf die wechselseitigen Gefühle der Erwachsenen, d. h. auf die Gaben der Eheleute und Liebenden unter einander, welche Letztere bereits ebenfalls unter dem Nullpunkt des Sensitiven angelangt und schon stark in Christkindl-Hosenträgern und – vice versa – Staubkämmen etc. machen; auch der holdesten Kindheit muthet man die Würdigung, das Anempfinden solch praktischer Tendenzen zu, und begeht in moderner Herzensbarbarei die Lieblosigkeit, das vertrauensvolle Gemüth, den arglosen Sinn der süßesten Jugend selbst in dem stimmungsreichsten Momente mit – Schultafeln und Rechentafeln eher zu erschrecken und zu ängstigen, als mit Backwerk und lebzelternen Reitern u.s.w. zu ergötzen.

Analog mit dieser nüchternen Denkweise, die nur in den allerseltensten Fällen eine sinnige Concession von Schlittschuhen oder Puppen (mit beweglichen Augen) gestattet und somit auch in den Kreisen der reinsten, elfenmäßigen Unschuld die Perspective auf Pracht- und Wundergaben und auf liebliche Tändeleien und artiges Spielzeug allmählich verdüsterte, geht auch die Art des Gebens, die gleichfalls den Mehlthau jeglicher Poesie abgestreift und den Zauber der Freudebereitung und Überraschung längst eingebüßt hat.

Spielzeugparadies: Die bedeutenden Wiener Spielzeughersteller gaben zu Weihnachten regelmäßig Kataloge („Preis-Berichte") heraus.

Der Termin der pflichtschuldigen Bescheerung naht, und man sendet ein Rudolfslos mit der Visitkarte an die betreffende Adresse, oder der Dienstmann übergibt ein Stück „Gradl“ auf Bettüberzüge und meldet eine „schöne Empfehlung vom Gnä’ Herrn“, der inzwischen zum Lothringer gegangen; oder ein zerlumpter Lehrjunge schleppt „grußmächtige schware Speiskastl“ herbei und stellt „Christkindl in Kuchl“; oder ein Hausknecht bringt einen „Hut Zucker“ und fünf Pfund Kaffee und läßt hiezu im tiefsten Baß die Bemerkung fallen, daß er für „den Gang nit zahlt is“; oder eine „Probirmamsell“ erscheint mit dem Bündel und liefert die Sammtmantille ab, glaubt aber in neckischer Plauderhaftigkeit es nicht unerwähnt lassen zu sollen, daß eine noch viel schönere Mantille von dunkelblauem Sammt vorräthig gewesen wäre, daß aber der Herr Gemahl so unendlich „klug“ sei und so erschrecklich viel „handeln“ wollte u.s.w. Von jener traditionellen, gemüthsinnigen, lauschenden Überraschung bei flimmernden Kerzchen, accompagniert von dem Jubelgeschrei des freudetrunkenen Nachwuchses ist kaum mehr eine Spur; die Beschenkung ist ein familiärer Tribut, also – wozu die vielen Umstände …

(…) Ja, der Christkindl-Tribut ist ein unnachsichtlicher und unabwendbarer, und wenn ich zuvor angedeutet, daß man seinen Satzungen manchmal in etwas zu gleichgiltiger Façon und eben nicht in den delicatesten Formen und nicht mit den aimabelsten Manieren gehorcht und oft nur die schuldige Pflicht oder auch die leidige Gewohnheit in der eigenthümlichen Behandlung dieser zarten Angelegenheit zu sichtbar zwingenden Motoren werden, so ist doch nicht zu läugnen, daß hinwieder einzelne Geber weder Mühen noch Kosten scheuen, um ihre Großmuth wie Verehrung der respectiven Persönlichkeit auf’s Luxuriöseste zu manifestieren.

Es gehört nämlich auch in gewissen Kreisen zum bon ton, gerade mit dem „Christkindl“, d. h. dem Festgeschenk, so recht in die Augen springend zu brillieren und ergötzt es die betreffenden – Mäcene nicht wenig, ihre Schützlinge mit der Weihnachtsspende in den ersten Tagen öffentlich paradiren zu sehen. Ein halbwegs kundiges (weibliches) Auge, das mit der Genesis der Garderobe notorischer Modedamen vertraut ist, weiß denn auch auf den ersten Blick, daß z. B. das Türken-Collier in jener Loge ein „Christkindl“ und mit dem Besitzer dieses Ecksperrsitzes fast in vitalem Zusammenhange steht; daß der prächtige Zobel in jenem Unnummerirten seinen Donator auf edlem Vollblut in nächster Nähe hat und daß dieser Marabuts das erste Mal in der Christnacht vor dem Spiegel erprobt wurde. Welche unkirchlichen Nebenumstände, welch antiascetische Impulse mögen – wenn auch nur sporadisch – mit der Geschichte solcher Christbescheerung verbunden sein!

Weihnachten vor Mayerling

Kaiser Franz Joseph an Katharina Schratt

Am 21. Mai 1886 – im Hintergrund zog heimlich die Kaiserin die Fäden – hatte Kaiser Franz Joseph im Atelier des Malers Heinrich von Angeli die schöne Burgschauspielerin Katharina Schratt das erste Mal privat getroffen, und seit diesem Tage bewegte er sich in einem seltsamen Viereck, in dem ihm drei Frauen gegenüberstanden: Sisi, seine Frau, Anna Nahowski (1859–1931), seine Geliebte, und die „Freundin" Katharina Schratt (1853–1940), umschwärmt von der Männerwelt, verheiratet mit dem ungarischen Landedelmann Nikolaus Kiss von Ittebe. Der im folgenden zitierte Brief vom Heiligen Abend 1888 an die Schratt demonstriert, dass man selbst als Kaiser in so einer Situation „Stress" nicht ganz vermeiden konnte. Und es sollte das letzte Weihnachtsfest zusammen mit seinem Sohn werden – wenige Wochen danach ereignete sich die Tragödie von Mayerling …

Wien, den 24. Dezember 1888

Meine liebe gnädige Frau,
Indem ich Ihnen von ganzem Herzen recht glückliche Feiertage wünsche, erlaube ich mir, Ihnen mitfolgendes Bracelet nebst Bonbonnieren zum Christkindel zu Füssen zu legen. Ich hoffe, daß Sie diese Kleinigkeit mit gewohnter Güte als ein schwaches Zeichen meiner innigen Freundschaft annehmen werden. Die Photographie Valéries, welche Ihnen bei Frau v. Ferenczy gefallen haben soll, und die Unglück abwendende kleine Hand schickt Ihnen die Kaiserin.
Hoffentlich werden Sie den heutigen Abend recht heiter und zufrieden zubringen und sind Sie durch die Vorbereitungen für den Christbaum nicht zu sehr ermüdet. Ich war sehr glücklich Sie Gestern in der Messe zu wissen, denn von sehen kann man bei der in der Kirche herrschenden Finsterniß eigentlich nicht sprechen und ich danke Ihnen, daß Sie fleißig gesessen sind.

Sehr um Verzeihung muß ich bitten, daß ich später am bewußten Fenster nicht erschienen bin und ich bereute es innig, als ich Sie von einem der Fenster des Salons der Kaiserin aus über den Burgplatz wandeln sah und, wofür ich herzlichst danke, einige Male zu dem verhängten Fenster hinaufblicken sah. Zu meiner Entschuldigung kann ich nur vorbringen, daß ich, nachdem Sie mir gesagt hatten, Sie würden früher als sonst über den Platz schreiten, bis nach 8 Uhr in meinem Zimmer wartete, dann aber dachte, Sie wären wegen Toni, oder weil Sie sich vielleicht doch nicht ganz wohl fühlten, aus der Kirche directe nach Haus gegangen und da mich die Kaiserin bereits einige Zeit vorher und früher als gewöhnlich zu ihrem Frühstücke hatte rufen lassen, so bin ich hinüber gegangen und bin durch diese Übereilung um die Freude gekommen, Sie von Weitem begrüßen zu können.
Unsere Bescherung haben wir um 1/2 5 Uhr im engsten Familien Kreise nur mit unseren Kindern und unserer kleinen Enkelin und dann speisen wir zusammen. Übermorgen Früh reist die Kaiserin mit Valérie auf 8–10 Tage nach München und ich bin wieder Strohwitwer. Wenn Sie die Gnade haben sollten, mir auf diese Zeilen zu antworten, so bitte ich schön, mir zu sagen, wie es Ihnen geht, denn eigentlich ängstige ich mich wegen Ihrer Gesundheit noch immer. Wenn Ihnen die Promenade wirklich und ganz gewiß nicht schaden kann, hoffe ich Sie, wie besprochen, Donnerstag mit Ihren jungen Herrn begrüßen zu dürfen, worauf ich mich natürlich freue.
Bis dahin leben Sie wohl, meine liebe gnädige Frau. Ich grüße Toni herzlichst und bleibe Ihr in treuer Freundschaft ergebener
Franz Joseph

Weihnachtsabend in der Hofburg: Erzherzogin Valerie, Kaiser Franz Joseph, Kronprinz Rudolf, Prinz Leopold von Bayern, Erzherzogin Gisela und Kaiserin Elisabeth (von links). Holzstich nach Franz Kollarz aus: „Über Land und Meer", 45. Jg.

Karl Kraus

Weihnacht

Als ich am heiligen Abend mit einem Freunde reiste, um der Stimmung zu entgehen, zu der uns die Stimmung fehlte, erkannte ich, wie sich das Bild der Welt verändert hat, seitdem ihr die Stimmung vorgeschrieben ist. Drei Handlungsreisende, die in der dritten Wagenklasse nicht mehr Platz gefunden hatten, drangen in unser Coupé und begannen sofort von Geschäften zu sprechen. Sie sprachen aber in einem Ton, der etwa den Ernst jenes Lebens offenbarte, aus dem die Anekdoten ihren Humor schöpfen. Wir räumten das Feld, und nachdem wir eine Weile von draußen einem Kartenspiel hatten zusehen müssen, bekamen wir Plätze in der ersten Klasse angewiesen. Dort erkannte ich die Bedeutung dieses Abenteuers in dieser Nacht. Wer ohne Abschied von Gott den Zug bestiegen hat, wird ihn als guter Christ verlassen. Er ist bekehrt, er sehnt sich wieder nach dem Duft von Harz und Wachs und Familie. Ihm, nur ihm wurden solch heilige drei Könige gesendet ... So hätten auch wir unsere Weihnacht erlebt, wenn nicht die Stimmung, der wir uns also ergeben mußten, durch eben jene wieder gestört worden wäre. Denn sie drangen nun auch in die erste Klasse und verlangten Genugtuung, weil sie vermuten zu können glaubten, daß wir uns über ihr morgenländisches Betragen beim Schaffner beschwert hätten. Sie sagten stolz, sie seien Kaufleute. Sie zogen die Stiefel aus und spielten Tarock. Sie borgten sich die Ehre von Gott in der Höhe, nahmen den Frieden von der Erde und waren den Menschen kein Wohlgefallen. Wir aber, die den Weihnachtstraum wieder entschwinden sahen, beugten uns vor der Übermacht der Religion, für die sie reisten ... Wer vermöchte sich ihr zu entziehen? Sie drang aus der dritten empor in die zweite Klasse und sie übt Vergeltung bis in die erste Klasse. Im Diesseits und im Jenseits gewinnt sie um geringern Lohn den bessern Platz. Sie läßt das Leben nicht zur Ruhe kommen und in der Kunst erreicht sie es mühelos, daß man ihr die bequeme Geltung einräumt. Sie ist da, und man flüchtet auf den Korridor. Zieht man sich dann aber in die Unsterblichkeit zurück, so verschafft sie sich auch dort Einlaß. Sie ist da und dort. Vor der Allgewalt des Geschäftsreisenden ist in der Welt des heiligen Geistes kein Entrinnen.

Alte Spielzeugwelt

Mit der Etablierung des neuen, bürgerlichen Weihnachtszeremoniells in den ersten Jahrzehnten des 19. Jahrhunderts setzte sich auch die – von den Eltern nun mit viel Aufwand kreierte – Vorstellung eines „anonymen Gabenbringers“ (Weber-Kellermann) durch, der da die braven Kinder reich beschenke und die schlimmen durch sein Fernbleiben bitter bestrafe. In Wien wie auch im ganzen süddeutschen Raum fiel die Rolle dieses allwissenden Schenkenden dem „Christkind zu“, jenem engelgleichen Wesen mit wallendem Silberhaar, das zwar nicht mit dem Jesuskind ident sein konnte, dem man aber durchaus göttliche Macht und Kraft zusprach. Hervorgegangen ist die Gestalt des Christkinds vermutlich aus den „Christkindern“, jungen, weißgekleideten Mädchen, die bei kirchlichen Prozessionen den Zug begleiteten und manchmal auch kleine Geschenke an die Kinder verteilten.

Der Wechsel des Christkinds aus dem öffentlichen religiös-kirchlichen Bereich in die harmonisierte Weihnachtswelt der bürgerlichen Familie bedeutete für die Kinder das Einüben in die passive Rolle der Beschenkten – eine Aufgabe, der man sich gerne widmete, ganz ohne Verpflichtung war sie aber nicht: Buben und Mädchen mussten alljährlich erneut geloben, wieder brav und artig zu sein. Der Eintritt der Familie in diesen „Gegengeschäftskreislauf“ des *do ut des* war der entscheidende Punkt für die steigende wirtschaftliche Dynamik, die Weihnachten nun zu entwickeln begann: Um die Kinder bei Laune zu halten, schenkte man vielfach ein bisschen mehr, zumindest etwas Neues, anderes, ein bisschen Wertvolleres. Genau dies aber – die konstante Zunahme des Geschenkvolumens – war der Ausgangspunkt für die Hochkonjunktur der Spielzeugindustrie im Biedermeier.

Noch Mitte des 18. Jahrhunderts gab es in Wien kaum eine nennenswerte Spielzeugfabrikation, das Eldorado der Spielzeughändler war Nürnberg. Von hier dirigierten die großen Handelsfirmen die begehrte Ware, die zum Großteil in Hausindustrie – vor allem auch in österreichischen Alpentälern – hergestellt wurde, in die urbanen Zentren Mitteleuropas. In Wien hießen daher Geschäfte, in denen man Spielzeug kaufen konnte, bezeichnenderweise bis zum Beginn des 19. Jahrhunderts „Nürnberger-Warenhandlungen“. Eine größere Bedeutung als diesen Läden kam jedoch den Spielzeug-Wanderhändlern zu, die durch ihre Mobilität eine viel größere Zahl von Käufern erreichten. Spielsachen zählten aus warenspezifischer Sicht zu den Krämereiwaren und wurden daher vom Händler im Mix mit vielen anderen Artikeln verkauft – von Unterwäsche bis zu Kosmetika. Immerhin gab es, wie Hubert Kaut in seiner verdienstvollen Dokumentation *Alt-Wiener Spielzeugschachtel* nachwies, im Jahre 1789 bereits 18 Spielwarengeschäfte; daneben fand man Spielsachen meist auch in den diversen Kunsthandlungen.

In den Jahren nach 1800 begann sich die Spielzeuglandschaft jedoch spürbar zu verändern. Zunächst waren es Firmen aus dem Südtiroler Grödnertal, die auch in Wien den Spielzeughandel durch Gründung eigener Niederlassungen zu dominieren begannen. Ihre in mehreren Sprachen aufgelegten, mit handkolorierten Illustrationen versehenen Kataloge eroberten den Markt und verdrängten die Nürnberger Konkurrenz. Davon unabhängig entwickelte sich in Wien allmählich eine eigene Spielwarenerzeugung. Da das Herstellen von Spielsachen von den Behörden als „freie Beschäftigung" eingestuft worden war und nicht den starren Vorschriften und Zwängen einer Zunft unterlag, blühte dieses Gewerbe bald auf, der Wiener Spielzeugmarkt war nicht mehr ausschließlich von Importen abhängig. 1827 zählte man in der Stadt 7 „Kinderspielerei- und Holzwaren-Verfertiger", 1837 waren es bereits 12; verkauft wurden die Produkte dieser Firmen in nunmehr 44 Spielwarenhandlungen. Bekannte Unternehmen waren etwa die „k. k. erbländisch-privilegierte Berchtesgadner Holz- und Kinderspielerei-Waren-Fabrik Johann Haller" – die Palette ihrer Produkte reichte von kleinen Schachteln und Schüsseln über Schreibutensilien und lackierten Holzfiguren bis zu elegant gekleideten Puppen und selbstfahrenden Equipagen – oder Kunsthandlung und Verlag des aus Hannover nach Wien gekommenen Kunsthändlers Heinrich Friedrich Müller (1779–1848). Müller, dessen Geschäft sich am Kohlmarkt befand, konnte sich durch die Herausgabe exzellent ausgestatteter Bilder- und Malbücher einen ausgezeichneten Ruf weit über die Grenzen Österreichs hinaus schaffen. Erfolgreichster Autor des Verlags Müller war der Pädagoge und „k. k. Bücher-Censor" Leopold Chimani (1774–1844), dessen vaterländisch-katholisch-moralisierende Kinderbücher – insgesamt waren es über 100 – die Bibliotheken der Zeit füllten. In mit kolorierten Kupfern versehenen Titeln wie *Sittengemählde zur Veredelung jugendlicher Herzen* oder *Kinder-Schauspiele für den Familienkreis* schrieb Chimani anhand einer unendlichen Kette von Fallbeispielen die Tugenden der Biedermeier-Gesellschaft fest: Redlichkeit, Fleiß, Häuslichkeit, Vaterlandstreue – mit bisher nicht gekannter Vehemenz wurde von diesen Büchern jene „Pädagogisierung der Kindheit" (Langer-Ostrawsky) transportiert, die ohne Rücksicht auf die kindliche Psyche rigides Wissens- und Verhaltenstraining forderte.

Kaum weniger fruchtbar war der zweite „volkserzieherische" Umsatzträger Müllers, der protestantische Theologe Jakob Glatz (1776–1831) aus Poprad in der Zips. Glatz, von 1804 bis 1816 Prediger an der evangelischen Gemeinde Wien, richtete einen Teil seiner beliebten moralisch-belehrenden Erzählungen und Lesebücher an junge Mädchen – ein Novum in der Geschichte der Jugendliteratur. Eine nicht unbedeutende Rolle im Bereich der Wiener Kinder- und Jugendbuchproduktion spielte auch der Verlag Anton Pichler, später Anton Pichlers Witwe: 1801 bis 1821 erschien hier Friedrich Justin Bertuchs berühmtes 20-bändiges *Bilderbuch zum Nutzen und Vergnügen der Jugend;* mit sorgfältig illustrierten Sagenbüchern und Titeln wie *Buntes ABC für brave Kinder* konnte sich Pichler auch in der zweiten Jahrhunderthälfte erfolgreich am Markt behaupten.

Die Bilderwelt des Kunstverlags Trentsensky

Zum berühmtesten Spielzeughersteller Wiens avancierte die Firma Trentsensky, 1819 gegründet von den Brüdern Matthias (1790–1868) und Joseph Trentsensky (1792–1839). Ursprünglich nur als lithographische Anstalt konzipiert, wurde 1820 von Joseph Trentsensky auf dem Hohen Markt eine Schreib- und Zeichenwarenhandlung eröffnet; das Warenlager und weitere Verkaufsgewölbe befanden sich im Zwettlhof, Stephansplatz 6, ab 1842 im Domherrenhof, Stephansplatz 5. Durch seine liebevoll ausgeführten Erzeugnisse – Bilder- und Mandlbögen, Papiertheater und hölzerne Baukästen – gewann der Kunstverlag Trentsensky bald die Herzen der Wiener Kinder für sich. Begeistert waren diese, wie Reingard Witzmann dokumentieren konnte, vor allem von dem neuen Konzept, das hinter den „Mandlbögen" stand: Jetzt gab es nicht nur die „Manderln" der Reihe nach zum Bemalen und Ausschneiden, sondern Trentsensky produzierte dazu auch passende Kulissen und Versatzstücke, sodass nunmehr eine Vielzahl von Kombinationen möglich wurde. Für die Gestaltung der Bilderbögen gewann der Verlag junge, hervorragende Künstler wie Moritz von Schwind – er schuf die berühmten Ritterszenen –, Joseph Kriehuber, Josef Danhauser oder Johann Matthias Ranftl. Der Name Trentsensky wurde zum Markenzeichen für qualitativ hochwertiges Kinderspielzeug aus Wien.

Kreative Ideen entwickelte vor allem Matthias Trentsensky, der immer wieder selbst zum Zeichenstift griff und es als gelernter Lithograph verstand, diese neue Drucktechnik für den Verlag vorteilhaft einzusetzen. So beruhte der Erfolg des Papiertheaters von Trentsensky, das sich seit 1825 nachweisen lässt, auf dem unkon-

Der Klassiker unter dem Christbaum: das Bilderbuch.

ventionellen Gedanken, nicht die altbekannten Märchenstücke herauszubringen, sondern Bühnenbild und Figurinen nach aktuellen Aufführungen der Wiener Theater zu gestalten. Bis 1868, dem Todesjahr von Matthias Trentsensky, erschienen 41 Theaterstücke mit 243 Figurinenblättern. Zum Aufstellen der ausgeschnittenen Figurinen diente ein „Theatergestell, grundiert, zum Zerlegen, nebst Portal und Cortine, coloriert und vollständig hergerichtet" – wer Lust und Laune verspürte, konnte im Salon Grillparzers „König Ottokars Glück und Ende" inszenieren.
Zur besonderen Attraktion des Verlags Trentsensky wurde ein Spielzeug, das auf einer Erfindung des Wiener Mathematikers und Geodäten Simon Stampfer aus dem Jahre 1832 beruhte: die „Wundertrommel", bekannt auch als „Lebensrad", ein zylinderförmiger Apparat, welcher das Prinzip der von Stampfer entwickelten stroboskopischen Scheibe nutzte – blickte man durch die seitlichen Schlitze auf den innen rotierenden Bildstreifen, auf dem die Figuren in entsprechend „zeitversetzten" Posen abgebildet waren, so entstand der Eindruck, dass diese sich bewegten – Experimente mit optischem Papierspielzeug, mit Guckkästen, Zauberscheiben und der Laterna magica begannen nun auch die Welt des Kindes zu erobern.

Spiele sind nicht für alle da …

Neben der Bilderwelt auf Papier entwickelte sich aber auch jene bunte Palette an Spielsachen, die noch heute die Regale der Spielzeugläden bestimmt: Im Verlag von Heinrich Friedrich Müller erschienen erste „Figuren-Zerlegbilder", die Vorläufer der modernen Puzzle-Spiele, Stein- und Holzbaukästen waren ebenso beliebt wie Karten- und Würfelspiele, Kaufmannsläden und natürlich Puppen – auch die Puppenindustrie nahm im 19. Jahrhundert einen gewaltigen Aufschwung. Die Erfindung des Papiermachés erlaubte eine natürlichere Gestaltung der Puppenköpfe, Holzkugelgelenke sorgten für die entsprechende Gelenkigkeit der Puppen. Der Puppenkörper war ein meist mit Sägemehl gefüllter Stoffbalg, Arme und Beine nähte man aus Ziegen- oder Schafleder – Zelluloidpuppen gelangten erst nach 1900 in den Verkauf. Und noch gab es kein Kunsthaar – man malte die Haare einfach auf oder benützte Perücken aus Menschenhaar, die prachtvolle modische Frisuren zeigten. Im Gesamterscheinungsbild der Puppe gab es allerdings einen entscheidenden Unterschied zur Babyborn- und Barbie-Puppenwelt von heute: Die Puppen von anno dazumal stellten keine Babys dar und keine Kinder, sie trugen vielmehr die Züge von Erwachsenen, bevorzugt dargestellt wurde der Typus „bürgerliche Hausfrau". Noch galt die Puppe – in konsequenter Umsetzung des zeitgenössischen Er-

ziehungsideals – als ein Abbild jener „großen" Welt, in die das Kind hineinwachsen sollte; erst um die Jahrhundertwende begann das große Umdenken in der Puppenindustrie: Zum Ausgangspunkt für neue Entwürfe wurde nun die kindliche Vorstellungswelt, die man als Wert für sich gelten ließ.
Zu einem Welterfolg im Bereich des Spielzeugs „für Buben" wurde eine Erfindung des Ingenieurs Johann Korbuly (1860–1919) aus dem Jahre 1900: Das Holzbausystem „Matador", von Korbuly als Antwort auf die kaum zufrieden stellenden Spielmöglichkeiten mit herkömmlichen Holzbaukästen entwickelt und zum Patent angemeldet, bestach durch die Vielfalt der „bautechnischen" Varianten, die das ausgeklügelte Zusammenspiel von starren und beweglichen Elementen bot.
So überraschend reich und faszinierend sich die Alt-Wiener Spielzeugwelt aus der Perspektive der Nachgeborenen auch zeigen mag – nicht vergessen werden soll, dass diese bunte Welt damals nur einem Teil der Kinder zugänglich war: jenen aus wohlhabenden adeligen und bürgerlichen Familien. Weitgehend oder auch völlig verschlossen blieb sie den Kindern der Kleinbürger, Taglöhner und Industriearbeiter, jenen, die mit zehn, zwölf Jahren für einen Hungerlohn in die Fabrik arbeiten gehen mussten, und dies täglich bis zu dreizehn Stunden lang. Für sie gab es keine Kindheit und kein Spielzeug, auch nicht zu Weihnachten.

Schließen wir mit dem Lied des Spielzeughändlers Thomas Hammer aus Anzengrubers längst vergessener „Wiener Weihnachtskomödie" *Heimg'funden* (1885):

Wenn alle Wochen Weihnacht wär'
Mit all dem Jubelbraus,
Da hätt' mer stets die Taschen leer,
Es haltet's niemand aus;
Es bringt von Freud', sowie vom Leid
Das Übermaß Gefahr,
Und Weihnachtszeit – und Weihnachtszeit
Taugt einmal nur im Jahr!

Da freut sich alt und freut sich jung,
Selbst Leut' mit weißen Haar'n
Sie schwelg'n in der Erinnerung,

(imitierend) „Wie froh wir Kinder war'n!"
Da wird die Brust ein'm jeden weit,
Daß kein'm er wehthun möcht';
Zur Weihnachtszeit – zur Weihnachtszeit
Behalt' das Herz sein Recht.

Wenn ein'r der Kummer auch bedrückt,
So soll er nit verzag'n,
Das, was zum Höchsten uns beglückt,
Verlauft ja in paar Tag'n,
So kann sich ihm, wenn er das Leid
Auch zählen thät' nach Jahr'n,
Sein' Weihnachtszeit – sein' Weihnachtszeit
Mit einmal offenbar'n.

Und auf den Engelgruß aus Höh'n,
Der Frieden uns verheißt,
Hat eine Hoffnung, groß und schön,
Gebaut des Menschen Geist:
Daß einst sich aller Haß und Streit
Von dieser Welt verliert
Und eine große Weihnachtszeit
Für alle Menschen wird.
(Erster Akt, 13. Szene)

Rudolf Stürzer

O du fröhliche, o du selige, gnadenbringende Weihnachtszeit!

Rudolf Stürzer, geboren 1865 in Udine, wurde als Sportjournalist bekannt und war ab 1905 Mitarbeiter der vielgelesenen satirisch-humoristischen Wochenschrift *Die Muskete,* in der auch diese boshafte kleine Skizze erschien. Stürzer verstand es, Milieu und Sprache des Wiener Kleinbürgertums mit feinem Gespür wiederzugeben; bis zu seinem frühen Tod 1926 arbeitete er an einer Sammlung Wiener Mundartausdrücke.

Fleißaufgabe des Rudi Wondraschek, Volksschüler
Unser Weihnachten war sehr schön.
Das Eckzimmer war zwei Tage zugesperrt, weil dort immer der Baum hergerichtet wird was der Karli nicht wissen derf weil er noch zu klein ist. Wir haben aber hineingeschaut, der Karli unten bei der Klumsen und ich beim Schlüsselloch. Der Karli ist auf der Erde gelegen und hat nur die Absätze von dem Vater seine Stiefletten gesehen und einmal ist er gach herausgekommen da hätt er bald den Karli auf den Kopf getreten. Der Vater hat geschimpft und hat mir eine Watsche geben, weil ich auf den Karli nicht aufpassen kann.
Zu Mittag hat der Vater gesagt, man muß alles beim Christen kaufen, weil die Juden schlechte Sachen haben. Aber die Mutter hat gesagt, sie ist ein Narr, wenn sie beim Rosenbaum die Kerzelhalter um sieben Kreuzer kriegt und der Manuschek verlangt zehn Kreuzer. Aber der Vater hat gesagt, die Christen sind ehrlich und können es nicht hergeben aber die Mutter hat gesagt sie sind Rauber und sie werde das Geld nicht hinauswerfen. Der Vater sagt sie wird schon wieder einen schönen Pofel zusammenkaufen, es heißt eh nie was bei uns zu Weihnachten, dann hat die Mutter gesagt er soll selber gehen sie ist schon satt vom Streiten und ist hinaus gangen.
Dann hat der Karli gesagt er weiß schon wer das Christkind ist und da hab ich eine Watsche kriegt, weil ich alles verrate und der Vater hat gesagt er pfeift gleich darauf wenn die Kinder eh nichts mehr glauben aber

die Mutter hat gesagt er ist ein dummer Bub der nur so plauscht und der Karli hat geglaubt das Christkind ist der Engel aus der Stefanskirchen.
Nachmittag habe ich auf die Seite gehen müssen und da war ein großer Krawall im Vorzimmer, weil ein Dienstmann den Christbaum gebracht hat. Er hat nicht aufgeschaut und hat die Kugel von der Gas zusammen gehaut und der Vater hat geschimpft weil der Dienstmann siebzig Kreuzer verlangt hat für ein paar Schritt aber er hat gesagt er hat seine Lunge nicht gestohlen für drei Stöck mit Mezzanin zu kräullen. Der Vater hat gesagt das ist eine jüdische Frechheit und hat ihm nur vierzig Kreuzer gegeben. Im zweiten Stock hat der Dienstmann geruft, das ist eine christliche Schmutzerei und wenn einer Wondraschek heißt hat er schon gefressen. Der Vater hat gesagt es ist ein Glück dass er im zweiten Stock war sonst hätt er eine Watsche kriegt.
Der Vater hat auch über den Baum geschimpft und die Mutter gefragt, ob er den Plafond soll ausbrechen lassen, damit der Baum ins Zimmer geht. Der Mutter ist er aber beim Stand ganz klein vorkommen und hat gesagt man muß ihn halt abschneiden und der Vater hat gesagt das wird schön werden und ist fortgangen. Ich habe mich nicht früher heraus getraut und mir war schon sehr kalt, denn ich war auf einen Fuß bloßfüßig weil wir den Schuh gebraucht haben zum Schinakelfahren am Lawur. Ich habe mir einen Glasscherm von der Gas eintreten und habe geblütet. Der Karli ist zu der Mutter gerennt und der Baum ist noch im Vorzimmer gestanden. Da hat er eine Watsche kriegt und die Mutter hat mir den Fuß gepickt und hat gesagt, wir sollen dem Vater nichts sagen sonst ist der Verdruß fertig. Aber der Karli hat es am Abend doch gesagt und ich habe eine Watsche kriegt weil ich ein Lausbub bin.
Am andern Tag ist der Vater fortgangen und die Mutter war im Eckzimmer und da ist der Rudi-Onkel gekommen. Ich habe beim Schlüsselloch hineingeschaut und der Rudi-Onkel hat der Mutter eine Schachtel und ein Bussel geben und dann sind sie auf dem Diwan gesessen und haben sich um den Hals gehabt. Den Rudi-Onkel kann aber der Vater nicht leiden und er kommt immer, wann er nicht zuhaus ist.
Dann ist die Mutter fortgangen und der Vater hat mit der Resi im Eckzimmer den Baum aufgeputzt. Sie hat immer gelacht weil sie der Vater gekitzelt hat und sie hat gesagt er ist ein schlimmer Herr. Der Karli hat bei der Klumse nichts gesehen und hat mich aus Zorn in die Wadeln gezwickt, da hab ich einmal ausghaut und den Karli ins Gesicht troffen. Er hat geweint und der Vater hat mir eine Watsche geben.
Dann war die Bescherung und wir haben viele Sachen bekommen. Die Mutter ein Teeserwiss und einen Stoff für ein Kleid aber sie hat gesagt die Farbe ist nicht mehr modern und andere Sachen. Der Vater hat auch was

bekommen aber wie er die neue Zigarrentasche aufgemacht hat, waren keine Zigarren drinn und er hat gefragt, ob man in Wien keine Zigarren mehr bekommt. Die Mutter hat aber nicht gewußt was er raucht und er hat gesagt man kann es sich denken daß er zu Weihnachten keine Kurzen rauchen wird. Die Resi hat eine Schürze kriegt die in der Auslage einen Streif gehabt hat was bei der Nacht nicht zu sehen war und ein Umhängtuch, das was die Großmutter zurückgeschickt hat weil sie von der Pepi-Tant und vom Onkel Ferdinand auch zwei Umhängtücher kriegt hat. Sie hat schon im Sommer gesagt sie möchte eines.
Die Resi hat ein Schnoferl gemacht und wie ich ihr habe sagen müssen, daß sie das Essen bringen soll, hat sie zu der Tini vom Kontrollor gesagt, wir sind eine notige Bagasch sie ist froh daß Weihnachten vorüber ist und sie bleibt eh nimmer.
Dann haben wir gegessen und ich und der Karli haben gespielt. Er hat mich aber mit dem Gewehr immer hinten am Kopf geschossen da habe ich ihm einen Boxer geben und er ist über das Hutschpferd gestolpert. Er hat sich am Tischtuch angehalten und da ist alles heruntergefallen. Es ist aber nicht viel geschehen. Nur der Schnabel von der Teekanne ist abgebrochen und ein Teller war in der Hälfte voneinand und zwei Schalen haben einen Sprung gekriegt. Der Vater hat mir eine Watsche geben und ich habe müssen im Winkel stehen.
Der Vater hat gesagt aus mir kann noch was Schönes werden, aber die Mutter hat gesagt, er soll nicht so etwas sagen. Der Vater hat gesagt sie haltet zu mir er weiß es eh warum und er wird den Rudi-Onkel hinausschmeißen. Die Mutter hat aber gesagt, er soll dann schauen wer den Zins zahlt. Weil der Karli geweint hat hat er derfen die Bäckerei essen. Ich habe dann hervorgehen derfen und Wasser holen, weil die Resi nicht da war. Die Mutter hat sich deshalb gegiftet und gesagt, der Vater soll sie zusammenschimpfen., weil sie uns ausrichten geht, aber er hat gesagt er mischt sich in keine Tratschereien. Da hat die Mutter geweint und gesagt sie weiß es eh daß er mit der Resi haltet und er hat gesagt das ist eine Gemeinheit.
Ich habe derweil schnell Bäckerei gegessen und den Wein ausgetrunken, den der Vater hat stehen lassen. Wir sind dann schlafen gangen und mir hat geträumt daß sich das Bett hutscht und mir ist ganz schlecht geworden. Die Mutter hat wollen daß der Vater den Doktor holt. Aber er hat den Wein gerochen und hat gesagt, er möchte mir gleich eine Watsche geben. Die Mutter hat gesagt, sie will eine Ruhe haben, sie hat schon genug und sie wird schon alles der Großmutter sagen. Da hat der Vater nichts mehr gesagt, denn er kann die Großmutter nicht leiden, weil sie immer sagt, es gehört alles der Mutter, weil er nicht gehabt hat.
Dann sind wir wieder eingeschlafen.
Unser Weihnachten war aber sehr schön.

Deutsche Weihnachten?

Heute ist der Spuk beinahe vergessen, wird im nostalgisch-sentimentalen Taumeln alles verklärender Gefühle übersehen oder verdrängt: Kein anderes Fest im Jahreskreis wurde so zum Spielball von Ideologie und Politik wie Weihnachten. Von seinem ureigensten christlichen Selbstverständnis her – der Erinnerung an die Geburt des Erlösers – ein weltumspannendes, völkerverbindendes Fest, ein Signal, das grenzenüberschreitend Frieden, Freude und Fröhlichkeit bewirken sollte, geriet Weihnachten in den gefährlichen Malstrom heftiger ideologischer Auseinandersetzungen, wurde es hineingezogen in endlose Diskussionen über seine Tauglichkeit als nationale Identifikationsbasis.
Alles begann damit, dass aus „Weihnachten" plötzlich „deutsche Weihnachten" wurden – das Fest verwandelte sich in ein von politischen Emotionen geprägtes nationales Emblem, wurde „aufgefüllt" mit Sehnsüchten und Visionen des liberalen Bürgertums; „deutsche Weihnachten" bedeuteten bald nationale Wiedergeburt, Erlösung aus Unmündigkeit und Rückkehr zu alter Größe. In seinem Gedicht *Der deutsche Christtag* gab Anastasius Grün (1808–1876), liberaler Vormärz-Aristokrat und umstrittener Dichter-Kritiker des reaktionären Metternich-Staates, diesen Vorstellungen erstmals exemplarisch Raum:

Es bringt die längste Winternacht
die schönste Frühlingskunde:
denn in so trüber Zeit erwacht
die eine heil'ge Stunde! –
Tiefschweigend starrt auf aller Flur
die eisig kalte Hülle,
in Finsternis ruht die Natur
in graunhaft eh'rner Stille.

Da plötzlich flammt ein Leuchten auf
am Kirchlein dort im Tale,

es quillt der Kerzen goldner Schein
durch Fenster und Portale
und Glockenschall ertönt hinaus
in mitternächt'ger Stunde,
der ruft zur Mett' ins Gotteshaus
die Gläub'gen in der Runde.

Da taucht's empor aus finstrer Nacht,
hier, dort, wie einz'ln Sterne,
ein Lichtlein da, ein Lichtlein dort
und Lichter in der Ferne,
das glimmt vom Berg und flimmt durchs Tal,
im Kirchlein sich zu einen,
bis mit der großen Leuchte schmilzt
in eins das Licht der Kleinen.

So kommt der deutsche Christtag einst,
die große Weihestunde,
da klingt ein heilig' Weihnachtslied
aus aller Deutschen Munde.
Heil diesem Tag,
da alles Korn in Garben aufgeschossen
und alle Funken in ein Licht,
in eine Glorie flossen!

Ein politisches Gedicht, das mit dem intimen Familienfest Weihnachten nichts mehr zu tun hat; hier schwingt ungebrochene Hoffnung mit, die Erwartung jener „großen Weihestunde", in der Deutschland als mächtige Nation wiedererstehen wird. Indem Anastasius Grün die Rückkehr des Lichts und nationales Wiedererwachen analogisiert, gibt er seinen Lesern ein Versprechen für die Zukunft ab und legt eine Strategie vor, die zum klassischen Topos in der deutschvölkischen Weihnachtsliteratur werden sollte.

Die Verwirrung in den Köpfen mancher Österreicher war groß: Auch in der jungen Republik feierte man noch das „deutsche Weihnachtsfest". Umschlagbild des von Karl Lustig herausgegebenen Buches, Wien 1922.

Die nationale Glücksverheißung erfuhr zu Weihnachten 1870 mit den raschen Siegen Preußens gegen Frankreich eine erste triumphale Bestätigung; die Berichte von den Weihnachten an der Front feiernden Soldaten gingen durch alle Blätter – ja, das waren die „deutschen Weihnachten", von denen man geträumt hatte; im Lichterschein des „deutschen Weihnachtsbaums" wurde eine seltsame neue „Mischung aus Patriotismus, Blutrünstigkeit, Sentimentalität und kirchlichem Segen" (Hermann Bausinger) geboren. In Österreich, vier Jahre zuvor durch die Armeen Bismarcks bei Königgrätz schwer gedemütigt, jubelten zwar alle „großdeutsch" fühlenden Kreise mit, zugleich aber fühlte man sich ausgeschlossen, musste die Gründung des Deutschen Reichs als Zaungast miterleben – ein Grund dafür, die „völkische und altehrwürdige Bedeutung" des „deutschen Weihnachtsfestes" noch nachdrücklicher zu betonen und heftig für sich zu reklamieren. Im *Deutschen Turnerhorte* und den *Unverfälschten Deutschen Worten* Georg Ritter von Schönerers, im *Boten aus dem Waldviertel u*nd im *Iro'schen Taschenmerk-Zeitweiser* ebenso wie in den diversen Weihnachts-Festschriften konnte man es bald schwarz auf weiß lesen: Weihnachten war eigentlich schon immer mehr deutsch als christlich gewesen. In der dafür notwendigen „Beweisführung" begann nun – begünstigt durch den massiven Aufschwung antisemitischer Propaganda – ein immer deutlicher werdender antisemitischer Unterton mitzuschwingen – Weihnachten, so die Devise der deutschnationalen *opinion leaders,* sollte endgültig dem Zugriff der jüdisch-christlichen Welt, des „römischen Kirchentums" entzogen werden.
Einer dieser von nationalem Sendungsbewusstsein beseelten „Weihnachtsforscher" war der Turnerbund-Aktivist Franz Kießling, der 1902 im Verlag des „Bundes der Germanen" – das Motto dieser deutschvölkischen Gruppierung: „Durch Reinheit zur Einheit!" – bereits die vierte, „bedeutend vermehrte" Auflage seiner aufschlussreichen Studie *Das deutsche Weihnachtsfest in seinen Beziehungen zur germanischen Müthe* (sic!) in Druck geben konnte. Darin führt er Weihnachten ohne Umschweife auf das germanische Julfest zurück, erklärt es kurzerhand zum „Fest der wiedergeborenen Sonne, des göttlichen Sonnenkindes" und fordert die Befreiung aus „semitischen und römischen Fesseln". Der „germanischsinnige Weihnachtsbaum" – das Wort „Christbaum" wird bewusst vermieden – sei daher dem „volklich gesinnten" Deutschen das „Sinnbild der ewig grünenden Weltesche", ein Symbol für „unbeugsamen, unerschütterlichen, nie verzagenden deutschen Heldensinn und Kampfesmut". Konsequent erklärt Kießling auch alle anderen Elemente und Gestalten der Weihnachtszeit aus der germanischen Mythologie: Der heilige Nikolaus wird von ihm eindeutig als „Ersatz-Heiliger" Wodans identifiziert, im Krampus erblickt er ein „Zerrbild" auf den Donnergott Donar und des unheilbringenden, hinterlistigen Loki, die heilige Barbara entpuppt sich als Walküre bzw. Freia, der heilige

Stephan als Lichtgott Balder, und die Heiligen Drei Könige würden die „germanische Dreiheit" Wodan, Donar und Loki – als Verkörperung der Elemente Feuer, Wasser und Luft – versinnbildlichen. Selbst der Mittelpunkt des „christischen" (sic!) Weihnachtsfestes, das gute alte Christkind, darf in diesem „deutschmüthischen" Götterspektakel nicht ungeschoren bleiben, und so verwandelt es Kießling kurzerhand in das Sonnenkind Oerwandil, die Vergöttlichung des Himmelsterns Orion.

Für traditionelles christliches Weihnachtsbrauchtum ist in diesem deutsch-germanischen Kosmos kein Platz mehr, die Weihnachtsfeier wird zur „Julfeier" umfunktioniert, für deren richtige „völkische Ausgestaltung" Kießling auch gleich den „Entwurf einer Festordnung" mitliefert. Mit Rücksicht auf altes deutsches Brauchtum empfiehlt er folgendes kulinarisches Programm: „Für jeden Teilnehmer am Feste ist ein Teller bereit zu stellen, auf das je ein kleiner Reiter, ein Fisch, ein Wickelkind, ein Schweinchen, ein Ringlein und ein Scheibchen aus Leebkuchen oder, was in diesem fehlt, aus Zuckerteig gelegt wird. Ein kleineres Teller enthalte zwölf Hasel- oder Welschnüsse und drei Äpfel, nebst einem kleinen kreuzästigen Tannenzweiglein. Diese beiden Teller sind auf dem Tische, entsprechend den Sitzplätzen, anzuordnen.

Die Mahlzeit selbst soll gemeinsam abgehalten werden, auch aus den gleichen Speisen bestehen, und zwar aus Schweinefleisch mit Knödel, dann gezuckertem Milchreis oder Milchnudeln mit Mohn und zum Schlusse gesottene oder eingesalzene Fische bzw. Heringssalat. Da die Zahl der ‚Gänge' für eine Abendmahlzeit ohnehin eine nicht unansehnliche ist, so genügen je desto geringere Mengen von den einzelnen Speisen, wodurch sich die Auslagen für eine solche Mahlzeit vermindern. Wo es die Mittel erlauben, soll auch ein Schweinskopf (oder doch ein Schweinsrüssel) sowie Methwein (wie er beispielsweise in Wien im ‚Süßen Löchel' käuflich ist) auf der Festtafel nicht fehlen."

Nach diesem doch eher frugalen Mahle und einer nicht zu langen Weihnachtsfestrede schreite man – so Kießling – zur Gabenverteilung, die vom „Weihnachtsmann", einem als Wodan verkleideten Teilnehmer, vorgenommen werde. Die Kostümierung setze einen deutlichen Kontrast zur christlichen Nikolaus- und Christkind-Tradition: „Der wallende Bart reicht bis zur Brust. Auf dem Haupte sitzt ein mächtiger schwarzer oder grauer Schlapphut, über das (verdeckte) Auge tief herabgezogen. – Die Füße stecken in Schuhen, die je aus einem länglich-runden Lederflecke bestehen, mit Schlitzen an den Rändern, durch die ein schmaler Riemen geflochten wird und mit dem sie an den Unterschenkeln festgebunden werden. Die Gestalt, deren Körper sonst von enganliegenden grauen Unterkleidern bedeckt ist, umhüllt ein bis an die Knöchel reichender weiter Faltenmantel von weißer oder hellgrauer Farbe, mit großen Taschen an der Innenseite, in denen die unterschiedlichen Geschenke geborgen werden. Ein ungefähr mannslanger, knorriger Haselstab, der oben in eine kurze Gabel (Zwiesel) endigt, vervollständigt die Ausrüstung des Weihnachtsmannes" – wie Kießling zur Vorsicht betont, dürfe der Weihnachtsmann alias Wodan „entschieden nicht" als Hanswurst aufgefasst werden!

An den Auftritt des Erdenpilgers Wodan schließe sich als weiterer Höhepunkt der „Julfeier" – in Erinnerung an angeblich uraltes germanisches Brauchtum und begleitet von kräftigen Zügen aus dem rundum kreisenden Trinkhorn sowie lautem Heil-Rufen – der „Julnachtsschwur" an: Der Text zu diesem „Schwurlied" stammte von dem Gymnasiallehrer und Publizisten Aurelius Polzer (Feldkirch 1848–Graz 1924), der vor allem durch seine deutschvölkischen Kampfgedichte (Zu Schutz und Trutz, Wehr und Waffen) bekannt geworden war:

In festlicher Julnachtsstunde,
wann stirbt das alte Jahr,
Schaart Brüder euch in der Runde
und schwöret treuinnig und wahr:
Was immer uns bringen die Zeiten,
die jetzt anheben neu,
Im Frieden und im Streiten,
dir Deutschland bleiben wir treu.

Du, das mit Stolz wir nennen,
du herrliches Vaterland,
Nicht kann von dir uns trennen
der frechen Gewaltherrn Hand,
Wir bleiben dir ergeben
in Fährlichkeit und Not,
Dir weihen wir unser Leben,
für dich geh'n wir in den Tod.

„Engel steigen auf und nieder/Und sie singen einen Chor/Der gar himmlisch leise klinget/An des staunend Mädchens Ohr": Titelblatt zu Fritz Lehners Komposition „Der Weihnachtstraum".

So schwöret ernst im Kreise,
am Markstein neuer Zeit,
nach alter Germanenweise,
Alldeutschland heiligen Eid.
Und wer in Sturmnotwettern
den Schwur der Treue bricht –
Der Blitzstrahl soll zerschmettern
den ehrlos feilen Wicht.

Gesungen wurde dieses Schwurlied Polzers von Kießling und seinen Mannen im „Bund der Germanen" nach der Melodie von „Wenn alle untreu werden ..."; stolz verweist er darauf, dass der Text am 24. Jänner 1904 sogar ins stenographische Protokoll des Reichsrats aufgenommen werden musste. Und so verstiegen diese Verszeilen heute auch klingen mögen, so sehr sie von der Geschichte mit schrecklicher Eindringlichkeit als Wahn entlarvt wurden – sie boten wohl für manchen Zeitgenossen eine neue Perspektive, verliehen dem „Weihnachtsfest" eine Sinnhaftigkeit und einen ernsten Grundton, die man ansonsten im geschäftigen Treiben des Weihnachtsalltags vergeblich suchte. Kießling schuf mit seiner „deutschen Weihnacht" einen Gegenpol zur ernüchternden Realität, der im Rekurs auf germanische Mythologie und Brauchtum genau jenen magischen Raum des Rituals wieder beschwor, den man vielfach schon als verloren empfand. Allerdings: Nicht die Erinnerung an die Geburt des Erlösers wurde hier gefeiert, sondern nationales Erwachen und neue Größe, die Vision „Alldeutschlands" – ein Konzept, das sich bis tief in die NS-Ära hinein bewähren sollte. Neue Anhänger dieser völkisch-verschrobenen Weihnachtsmystik rekrutierten sich noch vor dem Ersten Weltkrieg aus den Kreisen der Lebensreform und der Jugendbewegung: Zusammen mit dem deutschnationalen Lager tradierten diese konservativ-schwärmerischen Gruppen die Versatzstücke der „deutschen Weihnacht" weiter – bis ins Dritte Reich, wo die so ausgeprägt achristlichen Kultelemente von den Funktionären Hitlers mit Nachdruck willkommen geheißen wurden. In den perfekt inszenierten Wintersonnenwendfeiern der Nazis fand der „pseudogermanische Weihnachtskult" (Doris Foitzik) aus dem Wien der Jahrhundertwende eine letzte und exemplarische Verwirklichung.

Festesaugenblicke

Für die Zeit um 1900 belegen die Quellen eine immer intensiver werdende Auseinandersetzung mit dem „Sinn“ von Weihnachten – angesichts der emsigen Geschäftigkeit auf den Straßen wuchs das Bedürfnis nach Sinnhaftigkeit und Legitimation; längst reichte die kirchliche Überlieferung nicht mehr; die verordnete, aber nicht mehr erfahrbar werdende Freude über die Geburt des Erlösers wurde nun mystisch transzendiert – sei es, wie im vorhergehenden Kapitel ausgeführt, durch die Rückführung des Fests auf altgermanische Mythen oder auch durch quasi „philosophische“ Überhöhung. Philologen und Philosophen, Religionswissenschaftler und Theologen – sie alle fühlten sich berufen, das Fest auf neue theoretische Fundamente zu setzen.

Besonders erfolgreich wurde die „Interpretation„ des Religionsphilosophen Rudolf Steiner (1861–1925), die dieser in einem Vortrag am13. Dezember 1907 in Berlin erstmals vorstellte: Der aus Kraljevica in Kroatien gebürtige Mystiker der Seele, Schöpfer der Anthroposophie, beklagte in dieser „Betrachtung aus der Vitaesophie“ die Abstraktheit und Leere der zeitgenössischen Feiern und forderte von seinen Zuhörern die Rückkehr zu jenem „die Seele durchhauchenden Zug des Gefühls, der unseren Vorfahren eigen war in bezug auf das Verhältnis des Menschen zum ganzen Kosmos und seines göttlichen Untergrundes“. Zu Weihnachten, dem „großen Wendepunkt des Jahres“, so behauptet er, würde die Seele anders empfinden, sie könne sich in diesen „Festesaugenblicken“ wieder einleben „in das ganze Wirken und Weben der vollen geistigen und seelischen Natur“, zu intimer Verbindung mit der „Weltenseele“ finden und zu jenen „Wohllustgefühlen“ (sic!), die sich aus der tiefen Begegnung mit dem „Geist der Erde“ ergeben würden.

Steiner, der sich oft in Wien aufhielt und hier vor allem im Kreis um den Privatgelehrten und Theosophen Friedrich Eckstein verkehrte, gewann mit diesem pantheistischen Verständnis von Weihnachten, das in einigen Zügen an den alten vorchristlichen Aberglauben erinnert, auch in Österreich zahlreiche Anhänger, sein Vortrag fand in gedruckter Form große Verbreitung: In einer Gesellschaft, in der der einzelne Mensch weitgehend nur mehr als anonymer Faktor im Produktionsprozess zählte, stieß seine Botschaft von den weihnachtlich-kosmischen Glücksgefühlen auf entschiedene Zustimmung.

Frau Percht

Der Vorabend des Dreikönigstags, der die heiligen zwölf Tage der Mittwinterzeit abschließt und in alter Zeit bei der Landbevölkerung nur als „Perchtentag" bekannt war, wurde früher besonders feierlich begangen. Im Tirolerischen hieß dieser Tag „Gömmacht", „Gömmat" oder „Gönnacht", wohl eine Ableitung von „Gebnacht", einem Begriff, in dem sich die wichtigste Aufgabe dieses Tages spiegelte: Es galt, die Percht, das gefürchtete gespenstische Wesen mit der „eisernen Nasen", wohl die dämonisierte Nachfahrin einer keltischen Liebes-, Fruchtbarkeits- und Muttergöttin und eng verwandt mit der Frau Holle, durch Gaben günstig zu stimmen. Am besten ließ man daher von jeder Speise etwas übrig und stellte Köstlichkeiten wie schmalzige Nocken, Eier, Speck und Schinken in einer Schüssel für sie am Hausdach bereit. In Lienz in Osttirol warf man, wie bereits Urkunden des 13. und 14. Jahrhunderts berichten, Käse in den Bach, um diese „alte Göttin" bei Laune zu halten – fürchtete man doch ihre schrecklichen Strafen, die bis zum Aufschlitzen des Bauches gehen konnten.

Im Obersteirischen und im Mostviertel glaubte man, dass die *Perchtmuada* oder auch *Sampermuada* in der dritten „feisten" Raunacht ihren letzten Rundgang machen und die Arbeit der Bauern kontrollieren würde – bis dahin sollten Roggen und Weizen gedroschen sein, für Hafer und Gerste hatte man dagegen bis Maria Lichtmess Zeit. Man fegte deshalb sorgfältig den Tennenboden und stellte für die Percht ein Speisenopfer bereit, die Sampermilch oder das Samperkoch, bestehend aus Milch, in die man Semmeln oder „bochane Knedel" bröckelte. Bevor man das Gericht der strengen Überirdischen widmete, aß die gesamte Familie jedoch noch selbst gemeinsam aus der Schüssel zu Abend, dabei sollte man, so der alte Brauch, neun verschiedene Koche essen, wobei von jedem ein Rest für die Heiligen Drei Könige auf dem Tisch stehen gelassen wurde. Dann legte man die Löffel waagrecht auf den Rand des Gefäßes – sie durften während der Nacht nicht in die Milch fallen, geschah dies dennoch, galt es als böses Vorzeichen für den Inhaber des Löffels. Eine Variante dieses Orakelbrauchs bestand darin, dass die Sampermilch so dickflüssig zubereitet wurde, dass die senkrecht hineingesteckten Löffel stehen blieben, fiel ein Löffel dennoch über Nacht um, musste sein unglücklicher Benützer im kommenden Jahr mit dem Tod oder einem schweren Schicksalsschlag rechnen.

Das Orakelspiel mit den Löffeln kannte noch weitere Verfeinerungen. So war es auch üblich, die Löffel mit der Höhlung nach oben in die Schüssel zu lehnen. Überzog sich ein Löffel in der Nacht mit Rahm, so konnte sein Inhaber für das kommende Jahr mit Glück und Reichtum rechnen; drehte sich der Löffel aber um, bedeutete auch dies Unglück und Tod. Ein beliebtes Orakelspiel in der Perchtennacht war in manchen Gegenden Österreichs auch das „Schuhwerfen", von dem etwa Peter Rosegger in seinem Buch *Als ich noch ein Waldbauernbub war* berichtet. Dabei warf man die Schuhe über den Rücken und schloss aus der Lage der Schuhe auf die Zukunft.

Begleitet wurde die gestrenge Perchtmuada auf ihrem Rundgang über die Tennenböden von neun oder auch dreizehn kleinen ungetauften Kindern, den „Zodawascheln", mit denen sie von der Sampermilch aß und auf dem Tennenboden tanzte. Wehe dem Neugierigen, der versuchte, die Gäste aus der Anderswelt zu belauschen – er wurde mit einjähriger Blindheit gestraft. Wie der Scheibbser Heimatkundler Hans-Hagen Hottenroth berichtet, soll einem Knecht aus Scheibbsbach, der lauschte, Folgendes passiert sein: Die Perchtmuada spürte die Anwesenheit des fürwitzigen Knechts und sagte: „Schau, dort hinterm Ofen brennt a Lichterl!" Eines der Zodawascheln antwortete: „Nau, tuan ma's holt auslöschn!", und schon hatte der arme Knecht sein Augenlicht verloren. Im Jahr darauf sagte die Perchtmuada: „Schau, da hinterm Ofn is so finster!", und daraufhin blies das Zodawaschel dem Knecht das Augenlicht mit den Worten „Nau, dann zünd ma holt a Lichterl au!" wieder ein …

Und aus Puchenstuben im Ötscherland ist eine Perchtensage überliefert, in der sich die alten „heidnischen" Vorstellungen und der christliche Erlösungsgedanke in seltsamer Weise verbinden:

„In der Perchtnacht hat sich der Knecht vom ‚Moabauern' einmal in der Stube hinter dem Kasten versteckt. Da hat er gesehen, wie die Percht mit ihren Kindern von der Sampermilch gegessen und dann in der Stube getanzt hat. Schließlich sind wieder alle miteinander fortgegangen, nur eines der Kinder ist zurückgeblieben und da hat der Knecht hinter dem Kasten hervorgerufen: ‚Geh nur schön nach, du Zodawascherl du!' Da hat das Kind gejubelt und seine Arme geschwungen, als ob es fliegen wollte, und hat ausgerufen: ‚I hob scho an Naum, i hob scho an Naum, jetzt kann i in'n Himml kumma!' und ist verschwunden. Wie der Knecht aber in der Früh aufsteht, merkt er, dass er stockblind ist. Die alte Hiasbäuerin hat den Knecht getröstet und ihm geraten, er soll sich das nächste Jahr wieder hinter den Kasten stellen. Dieser befolgte den Rat und als die Percht mit den Kindern getanzt hatte, sagte sie zu einem: ‚Geh, mach's Türl wieder auf!' und der Knecht hat wieder gesehen."

Pechtra baba jagat

Auch in Kärnten war die Frau Percht zur bösen Hexe geworden. Man glaubte, dass sie in verschiedener Gestalt ihr Unwesen treiben würde: als Kröte etwa oder als Weib ohne Kopf, das auf einem Besen durch die Lüfte ritt und durch den Rauchfang in die Häuser gelangte. Niemand zweifelte daran, dass sie mit dem Teufel im Bunde stand; besonders verschrien als Tummelplatz der Frau Percht war die Saualpe. Fantasievoll malte man sich die Attribute dieser Schreckgestalt aus: riesige Augen wie „Stadelreiter" würde sie haben, „bachscheiterlange Zähnt und a tenntorweits Maul", an den Händen würde die Menschenfresserin Eisenhandschuhe tragen und damit Kinder und Erwachsene aus ihren Häusern reißen und in die Nacht hinaus entführen. Die Opfer hätte man dann meist tot im Schnee gefunden. So erzählte man sich, dass bei einem Mölltaler Bauern, der vergessen hatte zu räuchern, ein Angehöriger des Hausgesindes von der Frau Percht des Nachts mitgenommen worden wäre, am nächsten Morgen hätte sie den Bedauernswerten mit seltsamen fremden Blumen an den Händen wieder zurückgebracht. In vielen Fällen seien die von der Percht geraubten Menschen jedoch spurlos verschwunden geblieben.

Um sich vor dem Besuch der gefürchteten Unholdin am „Perchtelabend", der in Unterkärnten als „Heiliger Abend" oder als „dritter Heiliger Abend" bezeichnet wurde, zu schützen, drückte man mit dem Schlüsselbart verschiedene Zeichen in die Unterseite der Brotlaibe; manche Bauern verabsäumten es nicht, auch noch den Drudenfuß auf die Stalltüren zu zeichnen und danach ihr Anwesen einmal ganz zu umschreiten. Am wichtigsten war natürlich, dass man Haus und Hof ordentlich geputzt und gereinigt hatte – wer dies nicht getan hatte, lief Gefahr, dass ihm die Percht den Bauch aufschlitzte und mit dem Unrat des Hause anfüllte. Mancherorts stellte man auch noch gefüllte Nudeln auf den Küchentisch – kostete die Percht davon, so durfte man sich ein gutes Jahr erwarten.

In Unterkärnten und im unteren Rosental war es Brauch, dass die „Perchtel" am Abend vor dem Dreikönigstag von einer Frau dargestellt wurde. Als alte Frau mit schwarzem Schlapphut und herabhängenden Haaren, das Gesicht und die Hände rußgeschwärzt, bekleidet mit einem schwarzen Kittel und dunklem Pelz, zog diese von Haus zu Haus, in der Linken einen Henkelkorb mit allerlei Gaben tragend, in der Rechten eine zweizinkige Backofengabel, eine Hacke oder eine Säge, mit der sie die Kinder schreckte. Die Backofengabel erwies sich dabei als besonders praktisch, denn an diese hängte sie ihre „Beute": Betrat die Frau Percht eine Stube, so rief sie: „A Wurst oder an Buabm!" – die Hausmutter zögerte dann nicht, ihr eine Wurst auszuhändigen, die sie an die Backofengabel band. Im Gegenzug warf die Alte den Kindern Kletzen,

Nüsse und gedörrte Zwetschken zu, dies aber nur, wenn die Kleinen versprachen, brav zu sein, und ihre rechte Gesinnung durch das prompte Vorsagen kurzer Gebete ad hoc demonstrierten. Hatte die Percht dagegen den Eindruck, dass die Kinder schlimm waren, so gab es nur Kartoffeln oder Rüben als „Geschenk" und dazu manchmal auch noch einen unsanften Stoß mit der Backofengabel.

Auch aus dem Mölltal ist eine verkleidete „Perchtel" überliefert; sie trug eine hölzerne Maske und eine große Schelle oder Kuhglocke auf dem Rücken. Ihr Spruch lautete: „Kinder oder Speck, derweil geah i nit wek!" – Nikolaus, Krampus und Frau Percht, christliche und „heidnische" Glaubenswelt sind in diesen Auftritten der Frau Percht eine seltsame Symbiose eingegangen.

Zu den Kärntner Bräuchen rund um die Frau Percht, von der man vielfach glaubte, dass sie die Tochter des blutrünstigen Königs Herodes sei, gehörte auch das „Perchtel- oder Perchtenjagen", das die Slowenen *Pechtra baba jagat* nennen. Wie der Volkskundler Georg Graber in seinem Buch *Volksleben in Kärnten* berichtet, war es dabei in den Dörfern des unteren Gailtales üblich, dass man zunächst gemeinsam am Vorabend des Dreikönigstags betete und auf dem Platz, wo man sich versammelt hatte, ein Feuer entzündete. Dann verkleidete sich ein Bub als „Perchtel" und lief in die Dunkelheit davon, verfolgt von der übrigen Meute, die mit Schellen, Kuh- und Ziegenglocken einen „Heidenlärm" produziert. Vor jeder Haustür wird Halt gemacht und angeklopft; das ganze Dorf wird in das Ritual einbezogen, soll es doch das Vieh beschützen und böse Geister abhalten. Und *Pechtra baba* steht nicht zuletzt auch für den Winter, der durch diesen „Bewegungszauber" vertrieben werden soll. Ob das Perchtenjagen, wie Georg Graber meinte, aus „der kultischen Betätigung der altgermanischen Männerbünde" hervorgegangen ist, sei dahingestellt, im alten Keltenland Kärnten hatten germanische Vorstellungen wohl kaum Einfluss auf den Kult.

Einen alten Bewegungszauber kannte man auch im Lesach- und oberen Gailtal. Er diente der Fruchtbarkeit des Flachses, der in dieser Gegend eine große Rolle spielte. Beim „Haarlangfahren" oder „Haarlangreiten" fuhren am 5. Jänner die Kinder mit ihren Handschlitten von den Almen zu Tal, und zwar so, dass möglichst lange Bahnen entstanden. Je länger eine Schlittenbahn war, desto besser geriete, so glaubte man, im kommenden Jahr der Flachs. Das „Haarlangfahren" war auch im niederösterreichischen Waldviertel, dem Zentrum des Flachsanbaus, bekannt; hier spannten die Bauern jedoch die Pferde vor den Schlitten, um eine möglichst lange Bahn zu erhalten.

Herta Broneder

Der Perchtensprung

Wie alte Sagen berichten, glaubte man in alter Zeit tatsächlich, dass man durch die Verkleidung als Percht in Verbindung mit der Anderswelt treten könne. Die nachfolgende Gasteiner Perchtensage, neu erzählt von der Schriftstellerin Herta Broneder, zeigt, zu welch seltsamen Verrücktheiten dieser Wahn führen konnte:

An einem frostigen Winterabend ging ein Bergknappe von Böckstein nach Gastein. Er wollte die alte Regina aufsuchen. Eine Bäuerin hatte ihm erzählt, daß sich die „Regal" auf das Zaubern verstünde und mit dem Teufel reden konnte. Sie hatte den Leuten berichtet, daß das „Perchtenlaufen" noch mal so lustig wäre, wenn man vierzehn Tage zuvor kein Gebet gesprochen und auch kein Kreuzzeichen gemacht hätte.
In den langen Winternächten, insbesondere in den „Rauhnächten", wo man das „zweite Gesicht" sehen konnte, mußte Veith unentwegt an die Worte der Alten denken. Wenn die Hexen, Druden und Dämonen ihr Unwesen trieben, wenn die bösen Geister den Menschen viele Geheimnisse preisgaben und ihnen im Traume das Schicksal verrieten, dann konnte man auch das „Perchtenspringen" erlernen. Die Regal würde schon Näheres wissen, denn Veith wünschte nichts sehnlicher, als durch die Lüfte zu fliegen und dem Teufel anzugehören. Er rieb sich vor Freude die Hände und dachte an die bevorstehende „Perchtlnacht" und an den „Dreikönigstag".
Wenn sich die Perchten am frühen Morgen in einem Bauernhause versammelten und ihre schweren, mannshohen Kappen anschnallten, danach von Gastein gegen Böckstein wanderten, wollte er auch dabeisein. Wer weiß, wie lange noch das Schichtglöcklein im Radhausberge zum Zeichen des Bergbaubetriebes läutete, denn durch den bevorstehenden Bau der Tauernbahn konnte sich manches verändern. Es war an der Zeit, sich mit dem Teufel zu verbünden und das Hexen zu erlernen, denn schon vor einem halben Jahrhundert waren durch die Einstellung des Goldbergbaues viele Berg- und Hüttenleute brotlos geworden.
Veith blieb vor Reginas halbverfallener Holzhütte stehen. Er öffnete die Türe und trat ein. Ein Kerzenstümpfchen erhellte den Raum. Regina saß an der Feuerstelle und schnitt kleine Holzspäne. Es roch nach

Tanz und Lärm in der letzten Raunacht sollen der Vertreibung der bösen Geister dienen: die „Glöckler" in Gmunden. Xylographie von Vinzenz Katzler, 1876.

getrockneten Kräutern und Schwämmen. Veith stand unter der Türe und drehte seine Kappe in den Händen. Er war verlegen und brachte plötzlich kein Wort hervor. Nach einer geraumen Weile seufzte er tief und sagte: „Bald ist es Perchtlnacht. – Ich möcht' das Perchtenspringen erlernen ..."

„Du willst Dich mit dem Teufel verbünden?" fragte die Alte und legte das Messer zur Seite. Er nickte. „Gut so, mein Söhnchen. Ich werde Dir helfen. Du mußt das Beten lassen, die Kirche und den Pfarrer meiden und vor allem kein Kreuzzeichen machen." „Wenn es weiter nichts ist! – Mir ist das Beten ohnedies zuwider."

„Setz Dich zu mir, Veith, damit ich Dir noch andere Dinge verraten kann ... Ach, es ist herrlich, durch die Lüfte zu sausen, Du mußt nur darauf achten, daß sie Dich nicht einfangen und erschlagen. In den salzburgischen Gebirgstälern gibt es viele Bildstöcke. Sie erinnern an die erschlagenen Perchten."

Der Knappe setzte sich neben die Regal, starrte in das Feuer und lauschte ihren Worten. Er kam immer und immer wieder.

Am Dreikönigstag war es grimmig kalt. In den Straßen standen viele Schlitten, denn die Leute waren von weither gekommen, um die Perchten laufen zu sehen. Die „Schönperchten" trugen tafelartige, scharlachrote Samtkappen. Sie waren mit Silber- und Goldschmuck, mit Ketten, Uhren, Frauenhalsbändern, metall- und Stoffblumen und Rosetten aus Silberdraht geschmückt. Die silberplattierten Blättchen flimmerten in der Morgensonne, so daß der Schnee noch weißer und die tiefblauen Schatten noch länger waren.

Der „Rösslreiter" ritt allen voran. Er hatte ein Steckenpferd und knallte mit der Peitsche. Die Rauriser Musikanten spielten ein Lied und die „Vorpercht" mit der „G'sellin", das waren ein „Schönpercht" und ein als Mädchen verkleideter Bauernbursche, erregten Bewunderung. Die Schalksnarren hüpften vor Freude, so daß die vielen Schellen an ihren bebänderten Spitzhüten wie Schlittenglöckchen erklangen. Die Mädchen lachten, die Frauen kreischten und die Narren schlugen mit einem sandgefüllten Kuhschwanz und einem wurstförmigen Leinensack umher. Zuweilen warfen sie auch ein aus Fetzen gefertigtes Wickelkind unter die Menge und bekundeten so ihr Wohlwollen.

Wenn die „schiachen" Perchten kamen, begannen die Kinder zu weinen und versteckten sich in den faltenreichen Röcken ihrer Mütter. Auch vor den Hexen und Teufeln, vor dem Klaublauf, den Zigeunern und Wildschützen hatten sie Angst. Die Erwachsenen lachten, wenn die Schnabelperchten mit dem Körblweibl ihre Späße trieben, wenn die Zapfen- und Moosmandln zusahen, und sie bestaunten die toten Mäuse und Vögel an den Gewändern der Hexen.

Die Perchten stapften durch Schnee und Eis, zogen von Dorf zu Dorf und rasteten an Marktplätzen und vor Bauernhöfen. Sie verneigten sich vor den Hausbewohnern, brachten ihnen ihre Neujahrswünsche entgegen und tanzten dann ganz langsam zu einer alten Weise. Die Leute klatschten in die Hände und freuten sich an dem lustigen Treiben. Die „schiachen" Perchten sprangen umher, hüpften von einem Bein auf das andere, kletterten auf den Giebel des Daches und warfen den Schnee auf die Zuschauer oder durch den Kamin in das Haus.

Auch Veith war unter den „schiachen" Perchten. Ein zottiges Fell und eine Teufelsmaske machten ihn unkenntlich. Er hatte den Rat von Regina befolgt und vierzehn Tage lang weder gebetet noch das Zeichen des Kreuzes gemacht. Er hatte dem Teufel seine Seele versprochen und dafür die Kunst des Fliegens erlernt. Veith sprang auf den Brunnen und von dort auf das Hausdach. Er fegte zuerst den Schnee auf die Zuschauer, setzte sich dann auf den Besen und schwang sich durch die Lüfte. „Jesus, Maria!" – riefen einige Frauen und zeigten auf den Föhrenwald, wo Veith auf und nieder sauste. „Der leibhaftige Teufel ist unter uns. – Holt den Geistlichen mit dem Allerheiligsten."

Sie rannten um den Pfarrer. Bald danach erschien der Gerufene mit der Monstranz und erteilte nach allen Windrichtungen den Segen. Der Mesner sparte nicht mit dem Weihrauch, so daß bald der ganze Platz eine einzige Duftwolke war. Plötzlich unterbrach ein markerschütternder Schrei die Handlung. Veith war aus der Höhe zu Boden gestürzt, rundum färbte sich der Schnee von seinem Blute. Der Pfarrer eilte zur Stelle und hielt die Monstranz über den Sterbenden.

„Laßt das, Hochwürden", stöhnte der Knappe. „Erspart Euch das Segnen. Wenn Ihr nicht gekommen wäret, so würde ich noch in der Luft herumtanzen. Ach, war das schön! – Der Teufel mag Euch und den Weihrauch nicht. Nun hat er mich verlassen, aber meine Seele gehört ihm." Nach diesen Worten verschied er. Die alte Regal trat schnell hinzu und fing mit der Hand seine Seele ein. „So, mein Büble", murmelte sie, „jetzt bring ich Dich zum Teufel, so wie Du's gewollt hast. – Er wird mich für die Seelenmaus reichlich belohnen." Sie humpelte durch den Schnee und verschwand im Walde.

„Die Alte ist närrisch", sagten die Leute, „was sie alles daherredet und was sie wohl in der Luft eingefangen hat? – Es ist ja so kalt und nicht einmal eine Mücke zu sehen!"

„Er hatte den Veithstanz", sagte der Pfarrer. „Gott sei trotz allem seiner unsterblichen Seele gnädig."

Friedrich Schlögl

Die Gratulationshetze

Gute Alt-Wiener Tradition war das „Neujahrswünschen" – eine gesellschaftliche Verpflichtung, die aus der Zeit des Barock stammte und bis zum Ende der Monarchie in Übung blieb. Der spitzen Feder Friedrich Schlögls kam diese „Gratulationsmode" gerade recht.

Ein paar Tage noch und die gesammte civilisierte Welt besteht nur aus „hochgeneigten Gönnern", „treuergebenen Dienern", „aufrichtigsten Verehrern" und – „Busenfreunden". Diese Fusion der edelsten Gefühle, welche in mündlicher und schriftlicher Form zu sorgfältigst stylisirtem Ausdruck gelangt und das ganze Menschengeschlecht (mit Ausnahme einiger uncultivirter Racen) zu einer Gesellschaft von Menschenfreunden macht, gewährt immer einen rührend schönen Anblick – schade, daß dieses herzliche Verbrüderungsfest kaum so lange dauert, als die einfachste „Johanni-Octav", und daß sich die zweibeinigen Zierden der Schöpfung meist schon um „Dreikönig" herum gegenseitig wieder so gründlich hassen und verleumden und anfeinden, wie die Verwaltungsräthe zweier Concurrenzbahnen.
Ich weiß nicht, ob es sich der Mühe lohnen würde, daß sich auch gewiegtere Denker mit der Erforschung dieses psychologischen Räthsels beschäftigen sollten, oder ob die oberflächliche Annahme genügt, nach welcher die Gratulationsmode überhaupt nur von armen Teufeln erfunden, um im Wege eines ehrerbietigen Attentates auf glücklichere Portemonnaies sich ebenfalls eine Jahresdividende zu erobern, zu deren Bezug sie ansonst weder ihre gesellschaftliche, noch amtliche Stellung berechtigt (oder begünstigt). Unstreitig hat diese Version Einiges für sich, wenn auch die gegentheilige Muthmaßung nicht ganz unbegründet, daß das „Angratuliren" ursprünglich von solchen öffentlichen Charakteren und Würdenträgern ersonnen wurde, denen es endlich doch ein Bedürfnis geworden, wenigstens einmal im Jahr etwas von „Hochachtung und Verehrung" mit eigenen Ohren zu hören, indem, wenn nicht solch gesetzlicher Gesinnungs-Ablieferungstermin eingeführt wäre, im Verlaufe der Zeit vielleicht eine gewisse Unklarheit der persönlichen Position hervorgerufen würde, was wieder mit der übernommenen Würde nicht gut vereinbar ist. Denn, dessen Stellung es

erfordert, „geachtet" zu werden, hat es doch nicht ungern, es in der That zu sein, und die schwarzbefrackte Bestätigung erhält er denn auch – wenn nicht schon zur Feier des glorreichen Namensfestes, so doch nach pragmatischem Herkommen sicher zum Jahreswechsel. Wie sich nun dieses Geschäftes von den Tributpflichtigen, dieser Empfindungs-Robot von den „Hörigen" im Allgemeinen entledigt wird, war von jeher mein angelegentliches Studium, das mir viel heitere Stunden bereitete.

Es gibt geborene Gratulations-Virtuosen, wie es Menschen gibt, die eine unüberwindliche Neigung für das Bombardon oder für Papparbeit oder für die Dressur der weißen Mäuse mit auf die Welt bringen. Ein solch specifisches, mit dem Individuum gleichsam verwachsenes Talent entwickelt sich ohne äußere Einflüsse, ohne jegliche Beihilfe, ohne directen Unterricht; es dringt zu Tage ohne Veranlassung, und der Meister ist fertig, bevor er Schüler gewesen. Wer nicht die Gratulationsgabe in sich fühlt, wem der innere, sozusagen göttliche Drang, dem (höher gestellten) Mitmenschen bei nur halbwegs günstigen Anlässen den allerunterthänigsten Glückwunsch ehrfurchtsvoll darzubringen, nicht schon in's Herz gegossen, bleibt in diesem Genre sein Lebtag ein Stümper, der nicht einmal das ABC dieser wahrhaft freien Kunst, die Grundzüge dieser unerlernbaren Fachwissenschaft begreifen wird.

Die Naturgeschichte kennt zweierlei Gattungen Gratulanten: den ex officio-Gratulanten, der die Sache mit kalter, unempfundener Förmlichkeit, in möglichster Kürze, und mit ungelenken, steifen Verbeugungen zu Ende bringt, und den – freiwilligen oder Gratulationsfex, der seine Aufgabe mit Begeisterung erfüllt und in den tiefsten Knixen seine eigentliche Mission erblickt.

Dieser Gratulationswütherich hat zwar jahrüber an eine Unzahl für ihn festlicher Tage zu denken, eine unabsehbare Gallerie von feierlichen Ereignissen in zahllosen Familien nimmt seine vermeintlich gern gesehene und schwer vermißte Persönlichkeit unausgesetzt in Anspruch, er hat diesen Geburts- und jenen Namenstag, hier eine glorreiche Wöchnerin und dort eine hochortige verdiente Anerkennung, hier den Jahrestag der Vermählung und anderwärts die Feier der Genesung etc. etc. zu beglückwünschen; er führt ein eigenes Gratulations-Kalendarium und ein Vorfallenheits-Register; er ist die beste Kundschaft der „geruchlosen" Handschuhputzerinnen, die ihn weniger seiner invaliden Glace's, als der vielen „Aufwartungen" wegen, zu denen er „obligirt", bewundern – trotzdem beginnt seine Hauptthätigkeit erst zum Jahreswechsel.

Die Generalprobe dieser Festvorstellung wird natürlich am Vortage abgehalten, für welchen die Honoratioren minderer Sorte in Vormerkung gekommen sind. Er fertigt diese eigentlich zweite Serie hochverehrter Gönner zuerst und etwas flüchtig ab, läßt selbst die Bemerkung wegen ungebührlicher Inanspruchnahme von hochdero kostbarer Zeit fallen und entfernt sich rasch und in nur oberflächlich-feierlicher Stimmung. Er sieht selbst ein, daß man solche Herren mitten in ihrer angestrengten Berufsthätigkeit nicht lange stören, d. h. nicht belästigen darf, und erfüllt durch sein Erscheinen nur die Pflicht der schuldlosen Ehrfurcht. Aber am Neujahrstage!

Am Neujahrstage fällt diese Rücksicht seinerseits weg, er kennt nur die fixierte Zahl der auserkorenen Opfer und beginnt Früh Morgens mit ernster Miene seinen Rundgang bei den Proskribirten – ob schön, ob Regen – ob Enthebungskarte oder nicht.

Das erste „Herein!" auf sein erwartungsvolles Pochen, oder die erste Verbeugung nach der ersten Anmeldung gibt ihn wieder sich selbst, er ist in jener heiß ersehnten Respectssituation, in welcher es ihm gegönnt ist, irgend einer wirklichen oder fingirten gesellschaftlichen Celebrität, einer Bureau- oder Finanzgröße, einem Würdenträger oder einem durch Bezirksnimbus ausgezeichneten Privatmanne – mit einem Worte: einem Höhergestellten die ungeheuchelten Gefühle seiner Verehrung in fließender und gutgesetzter Rede auszudrücken und die huldvolle Versicherung ferneren hochgeneigten Wohlwollens hochbeglückt entgegenzunehmen. Den frisch gebügelten Cylinder mit einer gewissen Innigkeit an den klopfenden Busen drückend, die Augen einen Moment emporschlagend und dann schnell zu Boden senkend, ebenso das Haupt gebeugt und eine kaum merkliche Ellipse des rechten Fußes nach rückwärts, dagegen eine ähnliche Curve mit dem linken Ellbogengelenke nach vorne beschreibend, ist sein Sinnen nunmehr darauf gerichtet, in retrograder Bewegung tadellos die Thüre zu erreichen, die letzte (stumme) ehrfurchtsvolle Verbeugung rasch zu executiren und die Thüre unter sorgsamer Verbergung der persönlichen Reversseite geräuschlos zu schließen. Es ist, wie gesagt, unmöglich, derlei zu erlernen, wenn nicht die unumgänglich nöthige körperliche Elasticität, vorzüglich aber eine Biegsamkeit und Geschmeidigkeit des Rückgrates das unschätzbare Geschenk des gütigen Schöpfers ist.

Im Vorzimmer angelangt, wird der versirte Gratulirer augenblicklich die in der Domestikensphäre angemessene, d. h. völlig aufrechte Haltung finden und es vielleicht sogar, sich den Überrock reichen lassend, für zweckmäßig erachten, unter loyalem Lächeln anzudeuten, welch huldvoller Empfang ihm abermals zu Theil geworden, worauf er, die Antichambrirenden leichthin grüßend und noch immer bedeutungsvoll lächelnd, sich entfernt, um – auf der nächsten Stiege für denselben Cursus sich vorzubereiten,

Ja, für denselben Cursus. Und der vielbeschäftigte Mann kommt, wie der Akrobat auf dem Schwungseil erst bei den heftigsten, wirbelnden Schwingungen die vollste Sicherheit erlangt, gerade im athemlosen Verfolge seines Katzenbuckel- und Knixturnus zur rechten Glieder- und Zungenvolubilität, die, wenn die Mittagsstunde naht und demnach die Etikettefrist zu Neige geht, ihren (freilich schweißtriefenden) Höhepunkt erreicht und ihn in das gefährlichste Stadium jener treugehorsamsten Verzückung (Servilismus-Wahnsinn) versetzt, wo selbst der ruhigste Zuseher – wie bei dem betäubenden Kreiseltanz der Derwische – Kopfschmerz empfindet. Ihm, dem ausübenden Künstler, ist jedoch wohl.

Nun, so bürstet denn Eure schwarzen Fracks und das sonstige Zubehör und präparirt Euch innerlich für die nöthige Selbstverleugnung und Offenbarung der eigenen Nullität. Die Echtheit Eurer Gesinnung wetteifert ja doch nur mit dem Werthe der huldvollen Händedrücke, womit man Euch beglückt und beehrt, und wenn deshalb Eure Zerknirschungskomödie nur mit einer Gönnerkomödie regalirt wird, so rümpft später nicht die ehrfurchtsvollen Nasen. – An Euch aber, die Ihr durch solche „Aufmerksamkeiten“ überhaupt ausgezeichnet werdet, stelle ich die Bitte, laßt an jenem Festtage dennoch Niemanden ganz unbeschenkt von dannen ziehen: den ehrlichen, armen Teufel nicht, wenn er seine Spruch auch etwas holpericht declamirt – und die andere Species auch nicht, dieser aber schenkt wenigstens ein – mitleidiges Lächeln!

Neujahrsspruch

Zu Silvester, der „Bratlraunacht" oder auch „Fleischraunacht", war es im Innviertel seit jeher Brauch, dass die jungen Burschen durch die Ortschaften zogen, um das alte Jahr „außi" und das neue Jahr „eina" zu schießen. Kamen sie zu einem Hof, so forderten sie die Hausleute durch einen „Meldeschuss" auf, ins Freie zu kommen. Traten Bauer und Bäuerin durch die Tür, brachten ihnen die „Neujahrsschützen" einen althergebrachten Spruch dar:

Wir wünschen enk a glückseligs Neuchs Jahr,
a Christkindl in g'kraustn Haar,
Gsundheit und a langs Löbn,
das wir enk da Herr im Himmel göbn.
Und i wünsch enk an goldanan Tisch,
an an iadn Eck a bratnen Fisch,
in da Mitt a Glasl Wein,
kinnan da Herr und d'Frau recht lusti sein.
Af d'lötzt a nun an goldanan Wagn
Kinnan ma allsant in Himmel fahrn.

Nach diesen guten Wünschen, die mit einer Salve aus den Gewehren der Burschen besiegelt wurden, konnte der Bauer gar nicht anders – er lud die Schützen zu einer kleinen Stärkung ins Haus. Bei Kletzenbrot, Fleisch und Schnaps herrschte bald beste Stimmung und manchmal vergaßen die Burschen dann aufs Weitergehen; die Möbel wurden aus der Stube geräumt, Harmonika und Zither fanden sich und los ging's mit Tanzen und lustigen Spielen dem neuen Jahr entgegen …

Quellennachweis

Abraham a Sancta Clara, Item fragt der Nicola, aus: Abrahamisches Gehab dich wohl! oder Urlaube In diesem End-Wercke seiner Schrifften (...). Nürnberg-Wien 1729

Anonymus, Das Fest des Bohnenkönigs, aus: Auszug aller europäischen Zeitungen, 12. Februar 1791 (Wien 1791)

Anonymus, Fressen und Saufen in der Christnacht?, aus: Ueber die Abschaffung der Weihnachtsmetten und Veränderung in eine Tagandacht, wegen der dabey vorgehenden Unordnungen und bisweilen gelegenheitlichen Ausschweifungen. Wien 1781

Anonymus, O mein allerliebstes Jesulein, aus: Marie Bayer-Jüttner, Das Weihnachtslied in der österreichischen Barockdichtung. (Phil. Diss.) Wien 1954

Heinrich Anschütz, Die Christbaum-Suche, aus: Heinrich Anschütz, Erinnerungen aus dessen Leben und Wirken. Wien 1866

Ludwig Anzengruber, Gesammelte Werke in zehn Bänden. Zehnter Band. Stuttgart 1898 (Heimg'funden)

Per Daniel A. Atterbom, Aufzeichnungen des schwedischen Dichters P. D. A. Atterbom über berühmte deutsche Männer und Frauen nebst Reiseerinnerungen aus Deutschland und Italien aus den Jahren 1817–1819. Berlin 1867 (Erinnerungen an Weihnachten in Wien)

Eduard von Bauernfeld, Der Vater am Christabend, aus: Eduard von Bauernfeld, Gedichte. Zweite vermehrte Auflage. Leipzig: Brockhaus 1856

Herta Broneder, Der Perchtensprung, aus: Herta Broneder, Gasteiner Sagen. Badgastein: Karl Krauth Verlag 1964. © by Mag. Rudolf Broneder; Abdruck mit freundlicher Genehmigung.

Ada Christen, Hörst auch du die leisen Stimmen?, aus: Ada Christen, Gesammelte Gedichte. Hamburg: Hoffmann & Campe 1874

Karl Gebhardt Ein Besuch im Altlerchenfelder Krippenspiel, aus: Karl Lustig (Hrsg.), Deutsche Weihnachten. Eine Auslese von Gedichten, Erzählungen und Spielen. 1. Teil. Wien 1922

Carl Glossy (Hrsg.), Aus Grillparzers Tagebüchern (1808–1859). Wien 1893 (Tagebuchaufzeichnungen)

Haegrad, Das Nikolausgespenst, aus: Haegrad, Ein ächter Beitrag zur Schilderung Wiens über die Vorurtheile des Nikolausgespenstes durch dessen Gepolter die Einbildungskraft der Minderjährigen so thorecht als unbillig mißhandelt wird. Nebst einem üblichen Plan, von Kindern, ohne sie zu schlagen, alle Folgsamkeit zu erhalten. Wien und Prag o.J. (1782)

Ludwig Hevesi, Weihnachten, aus: Der zerbrochene Franz nebst anderen Humoresken und Geschichten von Ludwig Hevesi. Stuttgart 1900

Hofdamenbriefe. Zürich 1903 (Weihnachtserinnerungen vom kaiserlichen Hof)

Karl Kraus, Weihnacht, aus: Karl Kraus, Die chinesische Mauer. München 1910

Josef Leitgeb, Am Thomasmarkt in Salzburg, aus: Josef Leitgeb, Das unversehrte Jahr. Chronik einer Kindheit. Hrsg. von Manfred Moser. Innsbruck-Wien, 1997 (= Ges. Werke, Bd. 1). © Tyrolia Verlag, Innsbruck-Wien; Abdruck mit freundl. Genehmigung des Verlags.

Heinrich Ritter von Levitschnigg Ein Krampus aus Pflaumen vulgo Zwetschkenkrampus, aus: Heinrich Ritter von Levitschnigg, Wien wie es war und ist. Pest und Wien: Hartleben's Verlags-Expedition 1860

Hermann Mang, Das heilige Mahl, aus: Hermann Mang, Unsere Weihnacht. Volksbrauch und Kunst in Tirol. Innsbruck-Wien-München: Tyrolia Verlag 1932. Abdruck mit freundlicher Genehmigung.

Des Ochsen Weissagung, aus: Karl Haiding, Österreichs Sagenschatz. Wien 1965

Joachim Perinet, Über das Krippenspiel, aus: Joachim Perinet, Ärgernisse. Wien 1786

Derselbe, Über die Mette, aus: Perinet, Ärgernisse, 1786

Karoline Pichler Nikolaus und Krampus, aus: Karoline Pichler, Zeitbilder. Band I. Wien 1841

Karoline Pichler, Denkwürdigkeiten aus meinem Leben. Dritter Band, 1814 bis 1822. Wien: A. Pichler's sel. Witwe 1844 (Weihnachtserinnerungen)

Joseph Richter An das Krippenspiel, aus: Der neuesten Moden Almanach auf das Jahr 1802. Wien 1802, zit. nach Emil Karl Blümml und Gustav Gugitz, Alt-Wiener Krippenspiele. Wien 1925

Peter Rosegger, Einer Weihnacht Lust und Gefahr, aus: Peter Rosegger, Waldheimat. Erinnerungen aus der Jugendzeit. Leipzig 1905.

Friedrich Schlögl, Der Christkindl-Tribut, aus: Friedrich Schlögl, Wienerisches. Kleine Culturbilder aus dem Volksleben der alten Kaiserstadt an der Donau. Wien 1893 (= Friedrich Schlögl's Gesammelte Schriften, Bd. 3)
Derselbe, Die Gratulationshetze, aus: Schlögl, Wienerisches. Kleine Culturbilder aus dem Volksleben der alten Kaiserstadt an der Donau. Wien 1893, Bd. 1
Rudolf Steiner, Weihnacht. Betrachtung zur Vitaesophie. Berlin 1908
Adalbert Stifter Vom Christkinde, aus: Adalbert Stifter, Sämtliche Werke. Herausgegeben von August Sauer u. a. Prag 1901 ff.
Rudolf Stürzer, O du fröhliche, o du selige, gnadenbringende Weihnachtszeit!, aus: Die Muskete. Humoristische Wochenschrift, Jg. 1 (1905), Heft 12
Frances Trollope, Advent in Wien, aus: Frances Trollope, Wien und die Österreicher, Band II. Leipzig 1838
Dieselbe, Weihnachtsbescherung bei der Fürstin Metternich, aus: Trollope, Wien und die Österreicher, 1838
Weihnachten vor Mayerling. Franz Joseph an Katharina Schratt, aus: Meine liebe gute Freundin! Die Briefe Kaiser Franz Josephs an Katharina Schratt aus dem Besitz der Österreichischen Nationalbibliothek, herausgegeben und kommentiert von Brigitte Hamannn. Wien: Verlag Carl Ueberreuter 1992. Abdruck mit freundlicher Genehmigung des Verlags Carl Ueberreuter.
Josef Weinheber, Das Licht, aus: Josef Weinheber, O Mensch, gib acht. München: 1937. @ by Otto Müller Verlag, Salzburg; Abdruck mit freundlicher Genehmigung des Verlags. Aus „O Mensch, gib acht" stammt auch das Zitat auf der Rückseite des Schutzumschlags (Anbetung des Kindes)

Ausgewählte Literatur

Hermann Bausinger, Anmerkungen zum Verhältnis von öffentlicher und privater Festkultur. In: Düding/Friedemann/Münch (Hrsg.), Öffentliche Festkultur,1988, S. 390–400
Marie Bayer-Jüttner, Das Weihnachtslied in der österreichischen Barockdichtung. (Phil. Diss.) Wien 1954
Emil Karl Blümml und Gustav Gugitz, Alt-Wiener Krippenspiele. Wien 1925
Emil Karl Blümml und Gustav Gugitz, Von Leuten und Zeiten im alten Wien. Wien 1922
Herta Broneder, „Der schöne Lebenskreis". Bürgerliche Weihnachtsfeier anno 1820. In: Die Presse, 21./22. Dezember 1963, S. 6 f.
Ernst Burgstaller, Lebendiges Jahresbrauchtum in Oberösterreich. Salzburg 1948
Felix Czeike, Advent- und Weihnachtsbräuche im alten Wien. In: Wiener Geschichtsblätter 45 (Wien 1990, S. 220–231
Felix Czeike, Historisches Lexikon Wien in 5 Bänden. Wien 1992–1997
Felix Czeike, Weihnachten im alten Wien. In: Wiener Monatshefte 12 (Wien 1965), Seite 24 ff.
Dieter Düding/Peter Friedemann/Paul Münch (Hrsg.), Öffentliche Festkultur. Politische Feste in Deutschland von der Aufklärung bis zum Ersten Weltkrieg. Reinbek bei Hamburg 1988
Hanna Egger, Weihnachtsbilder im Wandel der Zeit. Wien und München 1978
Andrea Euler-Rolle, Zwischen Aperschnalzen und Zwetschkenkrampus. Oberösterreichische Bräuche im Jahreskreis. Linz 1993
Richard Faber und Esther Gajek (Hrsg.), Politische Weihnacht in Antike und Moderne. Zur ideologischen Durchdringung des Fests der Feste. Würzburg 1997
Helmut Paul Fielhauer, Christbaum-Nachlese. In: Österreichische Zeitschrift für Volkskunde 82 (1979), S. 282–299
Doris Foitzik, Kriegsgeschrei und Hungermärsche. Weihnachten zwischen 1870 und 1933. In: Faber/Gajek, Politische Weihnacht, 1997, S. 217–247
Gorg Graber, Volksleben in Kärnten. Graz 1949
Gustav Gugitz, Das Jahr und seine Feste im Volksbrauch Österreichs: Verlag Brüder Hollinek Wien 1950
Susanne Hawlik und Wolfgang Slapansky, Familienfeste – die konstruierte Idylle. In: Elisabeth Vavra (Hrsg.), Familie. Ideal und Realität, Horn 1993, S. 241–257

Verena von der Heyden-Rynsch, Europäische Salons. Höhepunkte einer versunkenen weiblichen Kultur. München 1992
Hubert Kaut, Alt-Wiener Spielzeugschachtel. Wiener Kinderspielzeug aus drei Jahrhunderten. Mit Beiträgen von Gabriele Folk-Stoi, Gertrud Wernigg und Christian M. Nebehay. Wien 1961
Franz Kießling, Das deutsche Weihnachtsfest in seinen Beziehungen zur germanischen Müthe (sic!). Wien 1902
Das Kind und seine Welt. Ausstellungskatalog des Historischen Museums der Stadt Wien. Wien 1959
Kindsein in Wien. Zur Sozialgeschichte des Kindes von der Aufklärung bis ins 20. Jahrhundert. Ausstellungskatalog des Historischen Museums der Stadt Wien. Wien 1992
Otto Koenig, Kulturethologische Betrachtungen des Klaubaufgehens. In: Maske – Mode – Kleingruppe. Beiträge zur interdisziplinären Kulturforschung. Hrsg. vom Institut für Vergleichende Verhaltensforschung der Österreichischen Akademie der Wissenschaften. Wien-München 1981, S. 45–58
Walter Koschatzky, Aus dem Tagebuch des Erzherzogs Johann von Österreich. In: Albertina-Studien 1965, N. 3, Seite 154 ff.
Walter Koschatzky, Rudolf von Alt. Salzburg 1975
Leopold Kretzenbacher, Lutzelfrau und Pudelmutter. Ein Beitrag zur Sagenkunde des Burgenlandes. In: Burgenländische Heimatblätter, 13. Jg. (1951), S. 162–172
Leopold Kretzenbacher, Santa Lucia und die Lutzelfrau. Volksglaube und Hochreligion im Spannungsfeld Mittel- und Südosteuropas. München 1959 (= Südosteuropäische Arbeiten 53)
Markus Kreuzwieser, „machet auf den türel/machet auf den türel“. Streifzüge zur Weihnachtsthematik in der österreichischen Literatur. In: Faber/Gajek, Politische Weihnacht, 1997, S. 119–140
Krippen und andere Weihnachtsdarstellungen aus dem Ybbs- und Erlaftal. Ausstellungskatalog der Kammer für Arbeiter und Angestellte, Amtsstelle Scheibbs (Text: Hans-Hagen Hottenroth). Scheibbs 1967
E. M. Kronfeld, Der Weihnachtsbaum. Botanik und Geschichte des Weihnachtsgrüns. Seine Beziehungen zu Volksglauben, Mythos, Kulturgeschichte, Sage, Sitte und Dichtung. Oldenburg und Leipzig o. J.
Gertrude Langer-Ostrawsky, Erziehung. In: Elisabeth Vavra (Hrsg.), Familie. Ideal und Realität, Horn 1993, S. 151–161
Hermann Mang, Unsere Weihnacht. Volksbrauch und Kunst in Tirol. Innsbruck-Wien-München 1932
Kurt Mantel, Geschichte des Weihnachtsbaumes und ähnlicher weihnachtlicher Formen. Hannover 1977
Johann Michal, Der Nikolo wie er in der Legende und in den Volkssitten lebt und leibt. Zugleich die Erklärung der schönen Volksgebräuche und deren Zusammenhang mit der altgermanischen Mythe. Christdorf in Mähren 1902
Katharina Novy und Gert Dressel, Von Maikäfern und Masters. Kinderspiel seit 1800. In: Elisabeth Vavra (Hrsg.), Familie. Ideal und Realität, Horn 1993, S. 162–173
Karlheinz Rossbacher, Literatur und Liberalismus. Zur Kultur der Ringstraßenzeit in Wien. Wien 1992
Leopold Sailer, Der Christkindelmarkt. In: Die Wohnung, 1. Jg., Heft 8 (Oktober 1930)
Dieter Schellong, Schleiermachers „Weihnachtsfeier“. Ein Dokument des evangelischen Bürgertums zum Anfang des 19. Jahrhunderts. In: Faber/Gajek, Politische Weihnacht 1997, S. 75–85
Richard Sennett, Fleisch und Stein. Der Körper und die Stadt in der westlichen Zivilisation. Berlin 1995
Bartel F. Sinhuber, Weihnachten im alten Wien. Geschichten und Erinnerungen, gesammelt und herausgegeben von Bartel F. Sinhuber. Wien 1990
Leopold Teufelsbauer, Das Jahresbrauchtum in Österreich (1. Niederösterreich) Wien 1935
Alexander Tille, Die Geschichte der Deutschen Weihnacht. Leipzig 1893
Alexandra Tscheitschonig, „Gleichsam das Kunst-Rendezvous der Fremden“. Der literarische und musikalische Salon Fanny von Arnsteins. (Dipl.-Arb.) Wien 1996
Elisabeth Vavra (Hrsg.), Familie. Ideal und Realität. Katalog des Niederösterreichischen Landesmuseums Neue Folge Nr. 316 zur Niederösterr. Landesausstellung 1993. Horn 1993
Ingeborg Weber-Kellermann, Die deutsche Familie. Versuch einer Sozialgeschichte. Frankfurt am Main 1974
Ingeborg Weber-Kellermann, Das Weihnachtsfest. Eine Kultur- und Sozialgeschichte der Weihnachtszeit. Luzern-Frankfurt am Main 1978

Reingard Witzmann, „Zum Nutzen und Vergnügen". Kunterbuntes Spielzeug und allerlei Spiele. In: Kindsein in Wien. Zur Sozialgeschichte des Kindes von der Aufklärung bis ins 20. Jahrhundert. Ausstellungskatalog des Historischen Museums der Stadt Wien. Wien 1992, S. 32–45
Reingard Witzmann, Die kleine Welt des Bilderbogens. Der Wiener Verlag Trentsensky. Ausstellungskatalog des Historischen Museums der Stadt Wien. Wien 1977
Richard Wolfram, Christbaum und Weihnachtsgrün. In: Österreichischer Volkskunde-Atlas. Unter der Patronanz der Österreichischen Akademie der Wissenschaften herausgegeben von Richard Wolfram und Egon Lendl, 2. Lieferung

Bildnachweis

Akg-images, Berlin: Umschlagbild vorne, 60, 167
Postkartenverlag Gebrüder Kohn, Wien: Umschlagbild hinten, 152/153
IMAGNO/Austrian Archives: 32, 49, 146 (Wiener Werkstätte Nr. 479)
IMAGNO/Österreichisches Volkshochschularchiv: 151
Bildarchiv der Österreichischen Nationalbibliothek: 193
Sammlung Dr. Ingrid Hänsel: 7, 8, 25, 30, 31, 38, 52, 53, 59, 63, 87, 104, 107, 111, 115, 125, 138, 141, 149, 159, 166, 199
Sammlung Sachslehner: 2, 26 (aus: Jugendrotkreuz-Zeitschrift „Ich diene", Dezemberheft 1928), 28, 40 (aus: Hermann Mang, Unsere Weihnacht. Innsbruck 1932), 45, 46 (Leopold Kretzenbacher, Santa Lucia und die Lutzelfrau. München 1959), 74, 79, 83, 89 (aus: Jugendrotkreuz-Zeitschrift „Ich diene", Dezemberheft 1928), 150, 156, 181, 185
Sammlung Gerhard Janaczek, Maria Enzersdorf am Gebirge (Fotos: Robert Bouchal): 119, 163
Österreichisches Museum für Volkskunde, Wien (Fotos: Willfried Gredler-Oxenbauer): 50, 51, 54/55, 84, 93, 100
Erzbischöfliches Dom- und Diözesanmuseum, Wien: 94/95, 96/97
Kunsthandel Giese & Schweiger, Wien: 98/99
Galerie Alte Kunst, Leon Wilnitsky (www.altekunst-vienna.com): 56, 154/155
Wien Museum: 10, 19, 71
Privat: 23 (Sammlung Ernst Brodträger)
Privatbesitz: 172
Emil Karl Blümml und Gustav Gugitz, Alt-Wiener Krippenspiele. Wien 1925: 128, 133
Die Illustration auf Seite 14 ist dem Band „Kärnten und Krain" des Sammelwerks „Die Österreichisch-ungarische Monarchie in Wort und Bild" (Wien 1891) entnommen.

Autor und Verlag bedanken sich für die freundlichen Abdruckgenehmigungen. Die Rechtslage bezüglich der einzelnen Bildvorlagen wurde sorgfältig geprüft. Eventuell berechtigte Ansprüche werden bei Nachweis vom Verlag in angemessener Weise abgegolten.